仙台藩家臣録

第五巻

監修　佐々久
編著　相原陽三

東洋書院

御小人＝五〇〇余人あり六隊に分けられ一隊毎に大頭、御用指引組頭各一人づつとその下に並組頭六人づついて平時は雑用に従事し荷物の運搬等もした。戦時には物を運び、一部は長柄（鎗）部隊として戦闘力となった。いわゆる小者的な役でもあった。古くは姓のない者もあったが在役中は苗字を許され、幕末にはほとんど全部姓をもっていた。

御名掛組＝城下町仙台の東北端には半子町があって御徒小性組が住み、東端には名掛町があって御名掛組が住んでいた。名誉をかけて働く意で激励のためにつけられた名であろう。鉄砲隊で享保頃には八四人あり、各組二八人づつ三組に分けられ組頭三人づつ居り黒羽二重白輪の紋を背中につけた袖付の法被《はっぴ》をきて指揮した。並組士は背に白丸三所をつけたの法被を着たという。

延宝古牒には新名掛組の名が見られるが、これは伊達兵部の遺臣を藩が収容したとき作られた組で仙台の新名掛町におかれたという。伊達騒動と俗称される寛文事件は元来境界争であった。この事件は一門の伊達安芸を宿老の原田甲斐が斬ったので天下に知られ騒ぎとなり、幕閣はこの総責任を後見役の伊達兵部にとらせて土佐に流し、兵部の遺臣は仙台藩が収容せよと命じた。巻五六の二「寺島金三郎」の項を例にとる。金三郎の亡父は政宗のとき不断組に召出され御切米四切半扶持四人分（直し高によると二貫四四三文相当）を与えられ幼少の伊達兵部に附けられた。寛永六年に一貫五〇〇文の知行に直された。寛永二〇年二割出で一貫八〇〇文とされ、父の歿後は家をついで金三郎は兵部に仕えたが、兵部が流された後の寛文十二年六月呼び出され新名掛組を命ぜられた。父は不断組であったと述べて不断組に入れられた。子孫は幕末も一貫八〇〇文で名も金三郎を襲名して不断組に属していた。

五七巻一五「安田三之助」の祖父は一貫文と二人扶持で政宗のとき召出され伊達河内につけられ、河内の死後、三之助の父は兵部につけられ一八石を与えられ、寛文九年に隠居した。三之助は家をついだが兵部が流されて後寛文十二年六月一貫二〇〇文とされ新名掛組に入れられた。

五七巻一七「真野小左衛門」も三之助とほぼ同じ経緯で一貫二〇〇文で兵部に仕え歩組であった。寛文十二年一貫二〇〇文で新名掛組に入れられた。新名掛組は後には御名掛組と混合されたものと見られる。

御不断組＝延宝の頃御不断組は何人あって何町に住んだかはまだ不明である。仙台城二ノ丸の西北に五十人衆、三十人衆と記した住宅が数ヶ所あるからこのあたりと見られる。旗元足軽と共に鉄砲組である。享保の頃は四四人づつ三組あって組頭四人は黒羽二重背中に白丸の袖付法被を着し、並組士は紅色白丸のものを着したという。不断組というから常に主藩の警護に当ったものと見られ、御近習鉄砲組と似た存在であったかと思われる。

鷹匠組＝は広瀬川の北岸米ケ袋から土樋にかけて住み、鷹部屋は米ケ袋におかれた。御餌指《おえさし》(鷹の餌の小鳥をとる職)もこの近くに住んでいた。政宗は連歌、能狂言、茶道、仏教で養育され、武将となってからはさらに狩猟、鷹狩、川狩を楽しんだ。秀吉や家康に鷹を贈った記録も見られ社交の為にも鷹匠は必要な存在であった。当時は組に何人いたか不明だが、享保頃には鷹匠が二五五人御餌指は一一七人という記録がある。幕末には鷹匠は一二八人御餌指は一二九人であった。高禄の一門や家臣も鷹を許されたと見られ、藩の鷹匠から指導うけたらしく、開墾地を藩の許可をうけて鷹匠に贈られた例がこの家臣録巻五八の鷹匠関係の所にも見られる。藩主の好みにより鷹匠組数は増減があり享保年代には二五五と見え、幕末には一二八に減少したのは例である。

鷹匠組も戦時には鉄砲隊とされた。御餌指組は長柄同心ともよばれ戦時には鎗組となった。

戦時には仙台藩は藩主直属の軍として大番組十隊があった。各隊に大番頭、脇番頭《かもばんがしら》があり、下に三百人の大番士と足軽三六人づつがつけられ、大番士も各々部下を率いているから千人近い一隊となり総計約一万人と見られる。

この外足軽頭、御不断頭、御近習鉄砲頭、御徒小性組頭、御名掛頭に率いられる各組の鉄砲隊約一五〇〇人があり、組毎に定められた法被を着ている。法被の色と背中の大きな紋や裾印《しるし》によって所属を明らかにしていた。弓組、鎗組約四〇〇余、弓組は足軽、鎗は御小人と御餌指組が主であった。

西　　歴	1680	1730頃	
	延宝侍牒	享保禄高帳	増　減
一門一家一族	68	65	－3
50貫以上	147	144	－3
50貫以下30貫以上	263	239	－24
30貫以下20貫以上	162	154	－8
20貫以下15貫以上	130	186	＋56
15貫以下10貫以上	306	251	－45
（以上計）	1076	1039	－37
10貫以下5貫以上	314	370	＋56
5貫以下3貫以上	226	276	＋50
以上総計	1616	1685	＋69

仙台藩の軍団は幕末大番組約三千、在仙組士と卒約四千、大番組士の陪臣（又家中）七千余、一門一家一族の陪臣一万一千余、在郷足軽千四百、総計二万六千四百余、明治戊辰の役に総動員して農民も加わり約三万と号したが、大略がうかがわれる。

政宗以来仙台藩は自分の録高を財産視してこれを子孫に分与したので武士の数は次第に多くなり細分化し、かつ貧化したと思われる。この延宝の侍帳と享保末年と見られる侍帳（佐々蔵）と比較した表をかかげて参考に供する。

無足＝所領地、又は録のない者、天下太平になり三代将軍以降になると無足で何年間も働き、然る後に御切米や扶持米を与えられる者ができた。仙台藩も似た情勢であった。

御役金＝役目についていない三貫（三〇石）以上の武士は、御役金として十石につき「四分の一両」（一分、一歩、一切ともよぶ）を課せられた。三千石の武士は役につかぬときは七五両、二万石の一門は五百両を徴収された。従って仙台藩には二九石の武士が多かった。

二才駒御用＝仙台藩の主産物は米と馬であった。巻五七の39君ケ袋平助の条に「寛永十六年より慶安二年まで二才駒御用」とあるが、二才駒は輸出するため調査登録されていた。

鹿除土手＝仙台の南郊根岸から西方山田村まで、二代藩主忠宗（義山）の時代に鹿除土手を作った。これは広瀬川南の大年寺山から西方に続く丘陵に鹿が居り南麓に広がる田畑を荒したので鹿の害を防ぐ目的であった。三瓶伝右衛門がこの工事に当り明暦二年八月、一三五九文加増されている。

十七役＝不明だが、十七夜月を立待月《たちまちつき》という。これを「たちまちに着く」にかけて十七屋とかいて飛脚屋を意味したというが、或は連絡係であろうか。巻五四24に大宮作内は政宗の時代に、庄司権右衛門と共に名取十七役という役を命ぜられた。「名取郡飯野坂に小山長蔵という吉切丹がいた。代官の命で小山長蔵を欠所とした。首尾よく処理したので御役をはずされ長蔵の知行地の内二貫六百文と長蔵ののぞき除屋敷（無税の屋敷）を下されて御番入（大番士―士分）にされた」とあるから、十七役は組士の身分で探索をする徒歩目付などに相当する役と見られる。十七役は「たちまち」に処理せねばならぬ臨時の役目であったとも思われる。作内は寛永十一年に歿しているし、権右衛門は名取代官を勤め明暦元年に歿している。欠所は「所払い」で財産を没収の上に追放する刑罰をいう。

衣体衆＝御相伴役など、藩主の側近にある御同朋や茶人、医療に当る医師、画家、御坊主衆など一般の侍とは異なる服装をしている人々で、頭も丸めたり茶せん髪にし、衣服も茶羽織や僧服を着る人々をさす。

おすへ頭＝奥方附きの女官にも階級があった。

上臈、御年寄、若年寄、中臈、若き衆、御小性、御錠口番、御祐筆、呉服之間（以上士格）

三ノ間、末頭、中居、半下《はした》（以上凡下）

中奥（藩主起居の御殿）女中の列は

老女、若年寄、中臈、若き衆、児小性、表使、御錠口番、御次間、御縫師、御台子番、御末、中居、走太である。御末頭《おすえがしら》は奥方付の凡下《ぼんげ》格の取締役であちやこは十切二人分であった。（巻五七の伊藤氏）

仙台藩家臣録 第五巻 目次

侍衆（五十一）

侍衆（五十二）

侍衆（五十三）

侍衆（五十四）

有海惣右衛門　一一九

侍衆（五十五）

宮沢文右衛門　一二〇
青木助次郎　一二一
御代田新兵衛　一二一
熊谷甚之允　一二二
三浦久左衛門　一二二
小原善左衛門　一二三
宮川五左衛門　一二四
男沢九郎右衛門　一二四
河東田甚之丞　一二五
一条惣兵衛　一二五
木村弥左衛門　一二六
宮城作蔵　一二六
小関久左衛門　一二七
河東田三郎兵衛　一二七
山内喜右衛門　一二八
朴沢勘右衛門　一二九
樋渡伊兵衛　一二九
芦立十三郎　一三〇
渡辺覚右衛門　一三〇
大和田長兵衛　一三一
浜田長右衛門　一三一
菅野太左衛門　一三二
樋渡九兵衛　一三二
富田正七　一三三
飯塚作右衛門　一三三
荒砥市左衛門　一三四
成田平左衛門　一三五
伊藤七兵衛　一三五
武田玄通　一三六
小関茂兵衛　一三六
遠藤弥七　一三七
山田助太夫　一三七
間宮次左衛門　一三八
遠藤三助　一三八
国分源蔵　一三九
但木半之丞　一四〇
松崎三之助　一四一
里見源右衛門　一四一
野村善兵衛　一四二
蜂谷権左衛門　一四二
岡崎太右衛門　一四二
石井権兵衛　一四三
村田六右衛門　一四四
丹野孫作　一四四
真山藤兵衛　一四四
阿部十右衛門　一四五
今村勘兵衛　一四六
林八郎兵衛　一四六
氏家半六　一四七
金成七平　一四八
山崎正左衛門　一四八
島津平右衛門　一四九
虎岩善兵衛　一四九
国分喜兵衛　一五〇

侍衆（五十六）

棟形玄碩　一五一
寺島金三郎　一五二
東城清右衛門　一五二
斎藤佐五右衛門　一五三
黒田助左門衛　一五三

侍衆（五十七）

御鷹師衆（五十八）

直々に被指置御番外衆（五十九）

仙台藩家臣録

御知行被下置御帳

第五巻

侍衆

御知行被下置御牒（五十一）

三貫八百八拾七文より
三貫五百四文まで

1 松木藤兵衛

一 拙者実父松木兵蔵儀、松木図書次男に候処、慶長年中貞山様御代牧野大蔵を以御歩小性に被召出、御知行壱貫七百四十七文・四人御扶持方被下置、御奉公仕候。慶長何年と申儀は相知不申候。其以後若林へ新湊より御船入御普請御用同所御艜御用等首尾能相勤申候付て、蟻坂善兵衛を以、寛永六年に御歩小性組御免被成下候。同十年七月右兵蔵病死仕候付、原田甲斐依与力に同年十月右甲斐を以、跡式無御相違拙者に被下置候。

義山様御代寛永廿一年惣御検地之砌二割出目被下置、弐貫八拾七文に被成下候。

御当代寛文元年に諸侍衆持添之御切米御扶持方御知行に直被下時分奥山大学を以被仰渡、右四人御扶持方御知行壱貫八百文に直被下、都合三貫八百八拾七文之御黒印頂戴仕候。先祖之儀は嫡子筋目に御座候間、松木彦右衛門方より書上仕候。以上

延宝七年六月十六日

2　目黒市右衛門

一　私父目黒弥惣次
貞山様御代に被召出、御買野谷地申受自分開発高二貫七百九文之所寛永三年に佐々若狭を以被下置、
義山様御代寛永十九年惣御検地之時分二割出目共に三貫二百五拾壱文に被成下候。寛永二十一年八月十四日御黒印
頂戴仕、御番相勤申候処、右弥惣次慶安二年三月廿九日に病死仕候付、同年霜月廿五日山口内記を以跡式無御相
違拙者に被下置御黒印頂戴仕候。且又拙者儀除屋敷知行高に結被下候様に奉願、起高六百三文之所小梁川修理を
以寛文十三年六月十八日に被下置、都合三貫八百五拾四文被成下候。以上
延宝七年三月九日

3　鈴木利右衛門

一性山様御代某祖父鈴木越中御奉公仕、従先祖御譜代御座候由承伝候。進退は何程致拝領候哉不承置候。越中子鈴木
利右衛門拙者実父に御座候。利右衛門儀
貞山様御代御奉公仕候処、慶長十七年蒙御勘当進退被召上、三箇年浪人仕罷在、元和元年摂州大坂御陣へ罷出、五
月六日之於御戦場馬上之敵と相戦、仕合能得勝利、法師武者討捕首捧御陣所へ申之処、御旗本之御牒に被相記、
則御勘当御赦免被成下、為御褒美御盃頂戴仕、其上御知行三貫二百十二文之所被下置御奉公仕、元和三年八月病

死仕候。其節遺跡之子無御座、妻女懐妊仕之由頼親湯村勘左衛門遂披露申候処、胎内之子出生以後苗跡可被仰付之条、利右衛門跡式後家に被下置之旨被仰出候。某儀翌年正月出生仕候。為養育母大沼彦惣に致改嫁之段、相達貞山様御耳、拙者幼少中右御知行高三貫二百十二文之所継父大沼彦惣に被下、并彦惣持来御扶持方・御切米御知行に被相直、二貫百四十文両合五貫三百五十二文之所右彦惣に被下置、御奉公仕之由致承知候。亡父利右衛門御勘当被仰付時節之旨趣、拙者未生以前之儀御座候故委細不奉存候。継父彦惣儀寛永十年三月病死仕候付跡式之品々願上、

義山様御代蟻坂丹波・松本左兵衛披露を以御前相済、寛永十三年九月右御知行高之内亡父鈴木利右衛門苗跡三貫二百十二文之所無御相違拙者に被分下、故大沼彦惣苗跡二貫百四十文之所同氏彦惣に被下置候。彦惣儀拙者一腹之弟に御座候。且又

御同代寛永十八年惣御検地之砌、二割出目六百四十文同二十一年御加増被成下、三貫八百五十二文之所致拝領、

義山様御代之御黒印

御当代之御黒印右両通頂戴仕候。以上

延宝五年正月廿五日

4　大内蔵人

一　拙者先祖仙道塩松之内片倉と申所住居仕、拙者曽祖父大内蔵人儀伊達安房殿御先祖伊達兵部殿御指南を以、輝宗様へ被召出、伊達之内甫原と申所にて十町被下置御奉公仕、北目へ御供仕候由承伝候。北目にて病死仕、其後

貞山様へ拙者祖父大内蔵人儀、湯村信濃を以品々申上候得ば、御知行三貫百六十九文被下置御奉公仕候。以後惣御検地之時分二割出目共に三貫八百四十三文に被成下候。然処義山様御代右蔵人病死仕、拙者親大内三郎兵衛蔵人嫡子に御座候付、跡式被下置度旨願申上候処、願之通跡式無御相違被下置旨、寛永十九年四月廿日古内伊賀を以被仰渡御奉公相勤申候。寛文四年隠居之願申上候処、家督無御相違拙者に被下置旨、同年閏五月廿七日柴田外記を以被仰付、当時拙者知行高三貫八百四十三文之御黒印頂戴仕候。以上

延宝五年二月五日

5　河東田正兵衛

一　拙者親河東田主馬儀同氏縫殿次男に御座候処、元和九年右縫殿宮城郡福室村・牡鹿郡大曲村右両所にて野谷地五町拝領仕候。起目之所へ御竿被相入高四貫八百三文之所茂庭故周防を以右主馬に被下置候。年号不承伝候。寛永年下惣御検地之時分二割出目、取合五貫九百八十三文之高に被成下、寛永二十一年八月十四日之御黒印頂戴仕候。拙者儀遊佐次郎兵衛次男に御座候処、主馬男子無御座候付聟養子に仕度旨、義山様御代正保二年四月茂庭故周防を以申上如願被仰付候。以後主馬男子三郎兵衛出生仕候。主馬儀は慶安二年九月病死仕候付、跡式御知行高五貫九百八十三文之所、無御相違拙者に被下置之旨、御同代同年十一月成田木工を以被仰渡御黒印頂戴仕候。右主馬実子三郎兵衛儀無足にて罷在候間、拙者拝領仕候御知行高之内弐貫百四十三文之所、同氏三郎兵衛に分被下御奉公被仰付被下度旨親類連判を以奉願候処、

御当代延宝三年三月四日右如願小梁川修理を以被仰付候。残知行高三貫八百四十文に御座候。先祖之儀は、惣領筋目同氏善兵衛委細可申上候。以上

延宝五年四月十七日

6 大津二右衛門

一 拙者先祖伊達御譜代之由御座候。先祖之品承伝候通、私兄大津八右衛門申上候通に御座候付、拙者儀も無進退にて罷在御村御用二箇年相足申候処、

義山様御代明暦元年に御切米二両・四人御扶持方被下置被召出、御郡方物書役目被仰付御奉公仕候内、

御当代寛文九年賀美郡にて野谷地新田六町五反歩致拝領、起立寛文十二年に御竿被相入、高三貫七百七十八文被下置之由御意之旨、延宝元年十月廿九日大条監物被申渡候。依之拙者知行高三貫七百七十八文御切米二両・御扶持方四人分御座候。以上

延宝五年二月廿五日

7 御徒組 古山利兵衛

一貞山様御代拙者祖父古山杢助被召出、御奥方御奉公相勤申に付、御知行三貫七百五十六文被下置候由承伝候。誰を以被下置候哉、拙者代替に御座候故委細不存候。

義山様御代右杢助歳罷寄隠居仕、実子拙者親勘七に右御知行無御相違被下置御歩行衆に被召出、御扶持方四人分御加増被成下御奉公仕候処、病死仕候付拙者九歳に罷成候時、慶安三年正月四日に津田豊前を以、右御知行無御相

違被下置候。其節拙者幼少御座候付、右之御扶持方は御奉公仕候時分返可被下由被仰渡被召上候。
御当代に罷成、寛文元年六月より拙者御歩行衆に被召出、御奉公相勤申候処、同三年三月廿六日遠山勘解由を以、
右御扶持方四人分返被下候。拙者当時御知行三貫七百五十六文・御扶持方四人分に御座候。右先祖之儀は親類申
伝を承如斯申上候。以上
延宝四年十二月十九日

8 青木四兵衛

一 誰様御代拙者先祖誰を始て被召出候哉、祖父以前之儀不承伝候。祖父青木清右衛門儀
貞山様御代御知行三貫百二十二文拝領仕御奉公相勤申候。右清右衛門病死仕、嫡子拙者親理兵衛に跡式無御相違被
下置候。年号・御取次承伝不申候。其後右利兵衛寛永四年四月十三日に病死仕、跡式無御相違同年五月中島監物
を以拙者に被下置候。寛永二十一年御割之節二割出目六百二十文拝領仕、本高合三貫七百四十二文に被成下御黒
印頂戴仕候。以上
延宝五年二月七日

9 御歩小性組　大内文右衛門

一 拙者親大内掃部儀大内備前一類に御座候て、浪人にて罷在候処、
貞山様御代元和元年牧野大蔵を以御歩小性組被召出、御切米五切・四人御扶持方被下置候由承伝候。拙者実嫡子に

御座候条、寛永四年二月右掃部致隠居、御切米・御扶持方無御相違、右大蔵を以拙者に被下置候。同六年御買野谷地申受同十八年惣御検地之節御竿被相入、高二貫四百文同廿一年八月十四日に奥故大学を以被下置候。且又黒川郡土橋村拙者除屋敷へ御竿被相入御知行高に被成下度由願上申候処、御竿被相入壱貫三百三十五文寛文十一年柴田中務を以致拝領、当時拙者知行高三貫七百三十五文と御切米五切・四人御扶持方に御座候。以上

延宝五年二月廿日

10 金須平右衛門

一 拙者儀伊達右衛門太輔殿御代御知行高三貫百十四文被下置御奉公仕罷在候処、右衛門太輔殿御遠行被遊候以後、貞山様御代寛永六年に中島監物を以被召出、右御知行高無御相違被下置御奉公仕候。義山様御代御検地被相通候砌二割出六百二十文被相加高三貫七百三十四文に被成下、御黒印共頂戴仕御奉公相勤罷在申候。以上

延宝五年正月廿九日

11 御歩小性組 小関兵左衛門

一 拙者先祖永井御譜代に御座候。誰様御代拙者先祖誰を被召出候と申儀は承伝無御座候。祖父小関内蔵助、性山様御代御知行被下置候御黒印拙者于今拝持仕候。御黒印之御紙面に御知行高員数は無御座候。貞山様御国替被遊、岩出山へ御移被成候砌、内蔵助儀馬上並之御供仕罷越候。其以後仙台御取立御移被成候付、岩

出山御城代屋代勘解由被指置候。依夫新規之御給主衆被相付候。内蔵助儀御給主頭被仰付、岩出山に被指置候処、病人に罷成御奉公不罷成候付勘解由へ訴訟申候処、御給主衆人数同御知行高共に定物に相極指引不罷成候。勿論代之衆申請候儀不罷成候と被申に付、無是非不仕合と存候て、右御知行慶長二年勘解由へ指上、無進退に罷成候。妻子内之者等以自力仙台へ取移罷在候。其以後中島監物を以、
貞山様相達御耳申候得ば、手前より進退指上候儀不届被思食候。乍去子孫末代迄又家中同前に岩出山に罷在候儀歎ヶ敷存、無進退に罷成候事不便に被思食候。先以飢命無之様に少々御扶持可被下置候。内蔵助は病人に候間、嫡子文平可被召使候。御奉公依勤に本領之通被返下御事も可有御座と御意之旨監物申聞候。其節御歩小性之明間在之付、御切米壱両銀六匁四分・四人御扶持方を以被召出候。其御時代
貞山様伏見に御詰被成置候付、文平儀定詰御奉公被仰付御供にて罷登候処、大地震に怪我仕、左之足打折申候付、薬師被相付京都より御国迄御造作を以被相下候。其よりかたは病人に罷成候。前書之通段々不仕合を以、先祖之本領高空罷成、于今御歩小性にて罷在候。右之品々委細親文平申伝候。文平儀病人に罷成候故嫡子正兵衛御番代仕候処死去仕に付、二男拙者に家督被下置度旨
貞山様御代寛永八年に文平奉願候処、右御切米・御扶持方之所無御相違拙者に被下置之旨、同年十二月廿日石母田権兵衛を以被仰渡候。其以後承応三年・明暦元年両年に野谷地十二町歩、
義山様御代山口内記・真山刑部を以拝領仕候処に悪地にて起兼申候。万治元年御竿被相入候て、高壱貫四百九十文に罷成候。其砌は新田起目御検地被相入候。御牒面代高次第に何もに被下置候付、別て被仰渡儀は無御座候。御黒印は

御当代於御割屋寛文元年十一月十六日に頂戴仕候。右取合御知行壱貫四百九十文・御切米壱両と銀六匁四分・四人御扶持方に御座候。以上

延宝五年三月十七日

12 安藤半右衛門

一貞山様御代奥山出羽を以祖父犬飼但馬被召出、御切米壱両・四人御扶持方被下置候。慶安二年義山様御代山口内記を以野谷地申受起目壱貫三百六十壱文之所拝領仕御黒印同年極月十日に頂戴仕候。御同代古内故主膳を以右但馬隠居願申上候処、明暦三年八月願之通被仰付、右御切米・御扶持方御知行共に、親正兵衛に家督被下置候。寛文元年十一月十六日に御当代惣並に右御切米・御扶持方御知行に直被下合三貫七百三十三文に被成下候。御同代古内志摩を以右正兵衛隠居願申上候処、同七年二月十七日に無御相違被仰付、右御知行共に拙者に家督被下置候。右名字父方之安藤に相改申度旨右志摩を以申上候処、寛文三年八月願之通被仰付候。御知行高三貫七百三十三文に御座候。以上

延宝五年三月朔日

13 猪苗代道是

一　拙者実父猪苗代道是儀は猪苗代正益一男に御座候処、真瀬道三弟子に罷成医学仕無進退にて罷在候。正益に被下

置候御知行二十貫文之所は、
貞山様御代に次男同氏兼益に被下置家督被仰付候。
御同代正益母に為隠居分被下置候御知行五貫文、親道是に被下置、医師之御奉公被仰付候。年号・御申次は不承伝候。
義山様御代惣御検地之砌右五貫文之内荒地之所壱貫三百七十文被召上、残三貫七百三十文之所被下置候由承伝候。
寛永二十一年八月十四日に右三貫七百三拾文之御黒印親道是奉頂戴候。道是儀明暦四年六月廿九日隠居被仰付、跡式御知行高三貫七百三拾文之所無御相違拙者に被下置旨、上田帯刀・澁川助太夫を以被仰渡候。右同日御黒印頂戴所持仕候。先祖之儀は家督筋目に御座候間同氏兼寿方より可申上候。以上
延宝七年七月朔日

14　大津八右衛門

一　拙者先祖伊達御譜代之由御座候。
誰様御代先祖誰を被召出候哉、其段は不承伝候。高祖父大津美作と申者は百貫文余之御知行にて、
稙宗様へ御奉公仕候由、美作子共源蔵・其子共右馬助と申候て段々家督相続仕、
貞山様御代米沢より御当地へ御国替被遊候砌、拙者祖父右右馬助致御供罷越候時分は、三十貫文余之御知行に御座候由、岩出山御在城之節片倉主水・大津右馬助当番にて相詰申候砌於御城火事出来仕候付奥方へ右馬助欠(馳)入、御新造様御守出申候由、左様之儀無調法に被召置候哉、御知行高之内十八貫文余被召上、十二貫文にて筑前殿へ被

相付由、御遠行以後祖父右馬助拙者親勘三郎共に被召出御奉公仕候由に御座候。右之通にて進退不相叶、拝借金仕候処返上仕兼、倍合大分に罷成に付十二貫文之御知行被召上済切申候。以後被返下候筈之御約束に御座候由、然処若林御蔵火事出来焼失仕付右之証文等不埒罷成、其上祖父右馬助病死仕、殊親右馬助病人罷成、拙者儀幼少に御座候故御訴訟申上後浪人に罷成候付、御村方御用等数年無足にて御奉公仕罷在候処、御当代寛文五年に伊達上野殿胆沢郡にて野谷地新田被仰受候内、田畑六町余拙者に分被下付起立、寛文九年同十年両年に御竿被相入、起目高三貫七百十八文被下置、被召出之旨御意之段、寛文十二年正月廿七日柴田中務被申渡候。依之片平助右衛門御番組被仰付候。以上

延宝五年二月廿五日

15　郷六又兵衛

一　拙者先祖国分一家に御座候。私祖父郷六信濃儀歳若御座候て相果、子共与次郎九歳に罷成、其上病人にて御奉公も不罷成無進退にて罷在候。

貞山様御代寛永七年に拙者儀御不断衆に被召出、御切米三切・三人御扶持方被下置、御奉公相勤申処、同十一年より江戸御米船御用に相馬に被指置、引続

義山様御代に罷成、御国之内石之巻寒沢に被指置、江戸御穀舟御留物改万御横目に被付置候内、寛永十八年に宮城之内にて野谷地被下置自分にて切開申、同二十一年御竿被相入三貫七百十五文之所山口内記を以正保二年に被下置候。其節御不断組も御免被成下、勿論御切米・御扶持方被召上御黒印頂戴仕候。右御用廿三年相勤、其以後御

番相勤罷在候。拙者御知行高三貫七百十五文に御座候。以上

延宝五年三月廿六日

16 小島十右衛門

一　拙者先祖

誰様御代先祖誰を始て被召出候哉、祖父以前之儀承伝不申候。拙者祖父小島左兵衛儀伊達御譜代に御座候て、御知行三貫八十四文被下置候。何年に誰を以被下置候哉承伝不申候。右左兵衛儀実子無御座候付、拙者親小島十蔵右左兵衛に親類に御座候付養子に罷成候。以後左兵衛病死仕、跡式無御相違右十蔵に被下置候。何年誰を以被下置候哉承伝不申候。親十蔵儀筑前殿へ被相付候処、筑前殿御遠行被成候以後、貞山様へ被召出中嶋監物を以右御知行三貫八十四文被下置候。惣御検地之砌二割出目六百文拝領仕、本高合三貫六百八十四文に被成下候。

義山様御代右十蔵隠居被仰付、跡式無御相違承応三年三月戸田喜太夫を以拙者に被下置御奉公仕候。以上

延宝五年正月十一日

17 大内清作

一貞山様御代、拙者先祖大内禅行仙道塩松より御家中へ参上仕候上、御知行三貫文拝領仕候由承伝申候。禅行子大内右近に、

御同代に跡式被下置候。右近子共同氏越後に

御同代に遺跡被下置候年久事に御座候間、御指南之衆何も覚不申候。

義山様御代二割出目取合三貫六百八十二文に被成下候。越後男子持不申候付、承応年中に戸田喜太夫被遂披露、聟

苗跡に被仰付、御番代相勤申候上、

御当代に越後隠居願之儀原田甲斐を以申上候処、寛文七年五月十一日に右同人を以願之通拙者に家督被仰付候。私

実父は塩松内蔵丞と申者に御座候。以上

延宝五年二月廿日

18 三輪善右衛門

一誰様御代拙者先祖誰を始て被召出候哉、曽祖父以前之儀は不承伝候。拙者曽祖父三輪主計

貞山様御代には伊達之内上保原にて御知行被下置、天正十五年四月四日之御朱印于今所持仕候。貫高は相知不申候。

右主計誰を以御知行被下置候哉其段不承伝候。主計病死仕嫡子主計に三貫六十六文被下置候。年号・御申次承伝

不申候。祖父主計死去申に付、子共主殿に跡式無御相違被下置候。是又年号・御申次存不申候。寛永年中御検地

二割出共に三貫六百七十九文に被成下候。

義山様御代慶安元年五月廿八日親主殿病死仕候付寄親中島監物を以奉願候処、江戸へ罷登候様にと副状被申候。同

年六月罷登古内古主膳遂披露、同月廿九日に跡式無御相違右主膳を以被下置、当時御知行高三貫六百七十九文之

御黒印頂戴仕候。以上

延宝七年正月廿八日

19 壱岐権三郎

一　拙者祖父壱岐源蔵儀
貞山様御代に被召出御切米・御扶持方被下置、御不断御奉公仕候。右御切米・御扶持方何程被下置候哉、何年に誰を以被召出候哉不承伝候。伊達遠江守様へ被相付、予州へ罷登御奉公仕候処、遠江守様より御暇被下置御当地へ罷帰御奉公相勤申候。右御切米・御扶持方御知行に直被下高三貫六百七十五文之所被下置、若林御普請之砌御材木御用被仰付相勤申候。
貞山様御遠行被遊候付右御役目御免被成下、御国御番被仰付候。拙者出生以前之儀に御座候故、何之品を以御知行に直被下候哉、年号・御申次衆も不承伝候。右源蔵儀病死跡式、
義山様御代寛永二十一年八月十四日山口内記を以、無御相違拙者親壱岐茂右衛門に被下置候。
御当代に罷成、右茂右衛門寛文九年十二月五日病死、跡式柴田外記を以無御相違右之高三貫六百七十五文之所、同十年九月九日に被下置御黒印頂戴仕候。以上
延宝五年四月廿九日

20 練生川市右衛門

一　拙者儀先祖国分譜代に御座候。拙者祖父練生川主計

貞山様御代被召出、御知行三貫七拾三文中島監物を以被下置候。年号分明に覚無御座候。

義山様御代惣御検地之刻二割出六百文被下置、都合三貫六百七十三文に被成下候。右主計儀老衰仕候付隠居仕度段奉願候処如願隠居被仰付、跡式右御知行高之通御相違、寛永十九年四月十二日古内故主膳を以父源蔵に被下置候。右源蔵儀歳寄御奉公相勤兼申に付、寛文十二年二月十七日隠居奉願候処、同年三月廿九日古内志摩を以、御知行高無御相違拙者に被下置、三貫六百七十三文之御黒印奉頂戴候。以上

延宝七年二月晦日

21　菅野蔵人

一　拙者曽祖父菅野蔵人と申者、
性山様御代被召出御奉公仕候。其子祖父蔵人代迄引続御奉公申上、右両人塩松御陣之節、従
性山様御感之御書二通被下置候。于今所持仕候。御知行高何程被下置候哉不承伝候。蔵人儀
貞山様従米沢御国替被遊候節御供仕罷越、御知行高三貫七拾壱文拝領仕御奉公申上候処、寛永十年六月病死仕同年九月十日に跡式無御相違、親蔵人に佐々若狭を以被下置候。且又寛永十八年大御検地之時分二割出目拝領仕、取合高三貫六百七十壱文に罷成候。
義山様御代迄引続御奉公仕候処、承応二年正月病死仕、同年八月十八日に成田木工を以跡式無御相違拙者に被下置、御黒印頂戴仕御国御番相勤申候。以上

延宝五年二月十三日

22　菊田喜内

一　拙者曽祖父菊田丹波儀

貞山様御代於伊達川又津多地村と申所にて、地形拝領仕御奉公仕候由に御座候得共、貫高等之儀は不承伝候。且又御譜代之由承伝候得共、

誰様御代拙者先祖誰を始て被召出候哉、曽祖父以前之儀は不承伝候。右丹波嫡子菊田与四郎、

貞山様御代増岡御陣之節御供仕、十六歳にて討死仕候付、次男彦右衛門嫡子に罷成候由承及候。右丹波

御同代伊達河内殿へ被相付、高三貫七百文之進退にて御奉公仕候処病死仕、嫡子彦右衛門に跡式無御相違被下置候。

然処寛永十一年に河内殿御死去被成候以後、

義山様御代同十五年に古内故主膳を以被召出、本進退四ヶ一は上納、其外野谷地桃生之内津山村にて被下置候間自分にて開発仕、本高に可仕由被仰付候付、右中津山村へ罷越、自分にて開発之新田取合三貫六百七十文之高に仕、

同十九年に従

義山様、古内故主膳を以拝領仕候。明暦二年十二月祖父彦右衛門病死仕、家督無御相違実子彦右衛門に、同三年津田故豊前を以被下置候。右彦右衛門男子無御座付、拙者を聟苗跡も仕度段申上候処、願之通寛文九年九月古内志摩を以被仰付候。同十三年四月親彦右衛門病死仕候。同年七月跡式無御相違、柴田中務を以拙者に被下置候。右高之通三貫六百七十文に御座候。以上

延宝七年八月廿五日

23 長谷部甚兵衛

一 拙者先祖

誰様御代先祖誰を始て被召出候哉、祖父以前之儀承伝不申候。拙者祖父長谷部備後と申、永井御譜代に御座候て、永井より

貞山様御供仕、於御当地御知行三貫六十六文拝領仕候。何年に誰を以被下置候哉承伝不申候。其後備後病死仕、備後嫡子拙者親同氏甚兵衛に跡式無御相違被下置候。何年に誰を以被下置候哉承伝不申候。右甚兵衛病人に御座候付、隠居被仰付被下置度旨、

貞山様御代寛永十年三月中島監物を以申上候得ば、隠居被仰付跡式無御相違右監物を以、同年四月拙者に被下置候。惣御検地之砌二割出目六百文拝領仕、本高合三貫六百六十六文に被成下御黒印頂戴仕候。以上

延宝五年二月二日

24 可沼七左衛門

一 養父可沼仲右衛門儀

義山様御代御知行三貫六十文被下置御奉公仕候。寛永年中惣御検地之時分二割出共、三貫六百六十六文之高に被成下候。亡父仲右衛門実子御座候得共、病人故拙者儀永野八郎左衛門二男に御座候処、聟養子に仕度段寛文八年奉願候処、同年六月十九日古内志摩を以願之通被仰付候。然処養父仲右衛門老衰故御奉公相勤兼申付、隠居願申上候処、願之通被仰付、跡式無御相違拙者に被下置旨、寛文八年六月十九日右志摩を以被仰渡候。当時拙者知行高

三貫六百六拾六文之御黒印頂戴仕候。親仲右衛門以前、誰様御代被召出、御知行何程被下置候哉、拙者儀聟苗跡之儀に御座候間不承伝候。以上

延宝五年三月十日

25　煤孫源助

一　拙者養祖父煤孫覚内儀南部浪人、貞山様御代古田伊豆を以被召出、御知行三貫六拾五文被下置御奉公仕候処、右覚内歳寄御奉公不罷成候付、隠居願右伊豆を以御披露申上候得ば、跡式無御相違親同苗源助に被下置御奉公仕由承伝候。年久儀に御座候て年号委細不奉存候。惣御検地之節二割出目寛永廿一年に拝領仕、三貫六百六十五文に被成下候。拙者儀鹿又助衛門二男に御座候処源助男子無御座候付、拙者を聟苗跡に戸田喜太夫を以願上候処願之通被仰付候。年号は失念仕候。且又親源助病気に付、隠居願申上候得ば、願之通に被仰付、慶安四年三月右喜太夫を以、跡式無御相違拙者に被下置、三貫六百六十五之御黒印頂戴仕候。以上

延宝五年二月六日

26　松本平八

一　拙者祖父松本次右衛門会津浪人に御座候処、貞山様御代被召出御知行三貫五拾四文被下置候。右次右衛門於大坂討死仕候。家督無御相違中島監物を以、拙父松

本久蔵に被下置候。其後惣御検地二割出目取合三貫六百五十四文に被成下候。右久蔵承応元年病死仕候。同二年五月戸田喜太夫を以、家督無御相違拙者に被下置候。当時知行高三貫六百五十四文に御座候。尤御黒印頂戴仕候。拙者儀幼少之節親相果申候故、委細之儀不承伝候。以上

延宝五年三月六日

27 大内弥次右衛門

一 拙者親大内弥次右衛門儀

貞山様御代大内主殿養子に罷成、右主殿御知行高三貫六百四十九文之所無御相違被下、引続拙者迄被下置候。右弥次右衛門七十三歳に罷成隠居仕度段寛文五年に申上候処、富塚内蔵丞・原田甲斐・柴田外記・兵部殿へ披露、隠岐守殿へは茂庭周防・古内志摩被相遂披露、願之通被成下、跡式御知行三貫六百四十九文之所寛文五年十一月十一日に無御相違拙者に被下置旨被仰渡、御黒印頂戴所持仕候。主殿家督親弥次右衛門に被下置候節、誰を以被仰渡候哉承伝不申候。勿論主殿代に御知行拝領仕候哉、先代に拝領仕候哉、何品を以御知行被下置候も、親弥次右衛門幼少之時分に主殿死去仕候付承伝無御座候。以上

延宝五年正月廿八日

28 伊藤加兵衛

一 拙者祖父伊藤太左衛門

貞山様御代に被召出、御知行三貫三十七文被下置御奉公仕候由承知仕候。委は不奉存候。太左衛門儀寛永九年に隠居仕、跡式無御相違嫡子同氏拙父加兵衛に、同年九月中島監物を以被下置候。加兵衛儀寛永十四年極月廿日に相果申候間、義山様御代に右監物を以御披露申上候得ば、寛永十五年三月跡式無御相違右監物を以拙者に被下置候。寛永廿一年御知行御割之時分二割出目拝領仕、三貫六百三拾七文に被成下、御黒印頂戴仕候。以上

延宝五年正月廿三日

29　早川半三郎

一　拙者親早川八兵衛と申、茂庭石見所与力相付罷在候。其刻大坂御陣へも御供仕罷登、元和元年五月七日首取申に付、石見手前首牒相付申候。其以後筑前殿へ被召出、早川修理と改名仕御奉公仕候処、筑前殿御遠行被遊候以後、従貞山様中島監物を以被召出御知行三貫三十五文被下置候。年号不奉存候。寛永廿一年御知行御割之節二割出目共三貫六百三十五文に被成下候。御黒印頂戴仕候。右修理儀寛文三年十月七日に病死仕候付、則中島日向を以家督奉願候処、同四年二月十一日柴田外記を以、跡式無御相違拙者に被下置候。以上

延宝五年二月十一日

30　二瓶市左衛門

一　某先祖二瓶下総と申候。曽祖父は二瓶下野と申候。伊達御譜代
晴宗様・輝宗様・貞山様御代迄御奉公相勤刈田郡関村・渡瀬村に御知行六拾貫三十三文被下置祖父縫殿助代迄右関
村に在所仕候。然処右縫殿助儀目半に罷成候。
貞山様御意に入不申に付、御奉公無しにて被指置候内右縫殿助病死仕候。其刻拙者親縫殿助幼少に御座候付、右御
知行高六拾貫三十三文之内五拾七貫文被召上、以後は可被相返由にて三貫三十三文被下置候由承伝候。誰を以右
之旨被仰付候哉不存候。親縫殿助相果候時分、拙者儀幼少に御座候故、先祖
誰様御代に被召出候哉不奉存候。右縫殿助寛永九年九月十日に病死仕候付、中島監物を以御披露申上候得ば、跡式
無御相違同年霜月三日に右監物を以拙者に被下置候。寛永二十一年惣御検地之節二割出目共三貫六百三十三文に
被成下御黒印頂戴仕候。以上
延宝五年正月廿三日

31　大内三郎右衛門

一　拙者祖父大内三郎右衛門儀、従米沢
貞山様御供仕罷越、其節三郎右衛門御知行高三貫二十五文に御座候。由承伝候然処河内守殿へ被相付、御奉公仕候
処、元和元年十月右三郎右衛門病死仕候付、嫡子拙者親三郎右衛門に家督被下置引続御奉公仕候。河内守殿御遠
行被遊、御跡式相禿申に付、三郎右衛門儀も無足にて罷在候故、其以後佐々若狭を以
貞山様へ被召返被下度之旨奉願候処、無間も

貞山様御遠行被遊、
義山様御代に罷成被召返、右之三貫弐拾五文被下置候。誰を以被召出候哉、年号承伝不申候。寛永二十一年御検地之砌二割出共、都合三貫六百三拾文に被成下御番仕候処、明暦二年より宮城之内御鳥見御用被仰付、二十箇年程相勤申候処、歳寄右之御役目勤兼申に付、隠居之願申上候得ば如願隠居被仰付、家督無御相違拙者に被下置之旨、延宝二年四月廿二日大条監物を以被仰付、御番仕罷在候。先祖具に申上度奉存候得共、祖父より先之儀承伝不申候付委細不申上候。以上
延宝七年二月廿六日

32　小関十左衛門

一　拙者祖父小関伊勢儀
貞山様御代御知行三貫文被下置御奉公仕候処、隠居願申上御知行高三貫文嫡子同氏次右衛門被下置、伊勢儀は隠居仕罷在候処に白石御陣之節御供被仰付、首尾能相働申候由にて中島監物を以御知行別て被下置、其後御加増拝領高七貫五百三拾五文被下置御奉公仕候。以後嫡孫小関伊右衛門に申立跡式相続仕候。右段々家督相続御知行御加増被下置候年号・御申次不承伝候。拙者儀小関次右衛門二男に御座候処、嫡子伊右衛門儀は祖父伊勢家督相続仕候付、右次右衛門寛永十六年霜月廿七日病死仕候跡式御知行高三貫文中島監物を以同十七年に拙者に被下置候。

義山様御代寛永二十一年惣御検地之砌、二割出目共三貫六百二十八文之高に被成下候。

義山様御代御当代御黒印頂戴仕候。先祖委細之儀は小関伊右衛門方より申上候。以上

延宝七年三月朔日

33 大内市右衛門

一貞山様御代、拙者祖父大内蔵人儀古田伊豆を以被召出、御知行三貫弐十六文被下置候。右蔵人儀何時相果申候哉、年月は不奉存候。実子拙者親源太郎に無御相違被下置候。然処寛永二十一年惣御検地之砌二割出目拝領仕、高三貫六百弐拾六文被下置御奉公相勤、承応三年八月二日に親源太郎病死仕候付願指上申候処、右御知行無御相違戸田喜太夫を以同年十一月十三日拙者に被下置、御黒印頂戴仕候。

御当代御黒印寛文元年十一月十六日に頂戴仕候。拙者先祖塩松譜代に御座候由承伝候。以上

延宝五年二月廿五日

34 内ヶ崎作内

一拙者儀内ヶ崎作内次男に御座候処、父作内知行高六貫三百七拾五文と御扶持方五人分被下置候内、五貫文は嫡子同氏作右衛門に被下置、残壱貫三百七拾五文と御扶持方五人分、右作内死後は次男拙者に被下置度旨、義山様御代父作内山口内記を以奉願候処、承応三年五月廿九日右内記を以願之通被仰付候。綱宗様御代万治二年私父作内病死仕、跡式知行高壱貫三百七拾五文と五人御扶持方無御相違同年九月五日大条兵庫を以拙者に被下置候。

御同代万治二年御知行御扶持方持添申分地形に直被下候砌、並を以右御扶持方五人分直高弐貫弐百五拾文之所被下

置候。御申次失念仕候。都合三貫六百弐拾五文之御黒印奉頂戴候。父作内御知行拝領仕候品々、兄内ヶ崎作右衛門申上候。以上
延宝七年三月廿一日

35　蒲生覚右衛門

一輝宗様御代、拙者祖父蒲生雅楽助御切米本代四百文、御扶持方は与力付に被成置御歩小性御奉公仕候由承伝候。貞山様御代米沢にて御知行九貫九百文致拝領御奉公仕候処、雅楽助継子高成田喜八郎と申者口論之上傍輩討申に付、其節進退被召上候。其以後屋代勘解由を以被召出、御知行三貫文被下置候由承伝候。貞山様御代慶長十五年拙者親雅楽丞御扶持方五人分牧野大蔵を以被下置、親子にて御奉公仕候処祖父雅楽助病死仕、家督拙者親雅楽丞に無御相違大蔵を以被下置、合御知行三貫文・御扶持方五人分にて御徒小性御奉公仕候処、寛永九年大蔵を以御歩小性組御免被成下、寛永十年に佐々若狭を以江戸御絵御用被仰付定詰仕右御用相務申候。義山様御代惣御検地之節、二割出目共に御知行三貫六百拾九文被下置候御黒印所持仕候。然処御畳刺棟梁藤右衛門と申者に、御畳御用之儀申渡候処不似合案外仕候に付、御披露不申上行当申其場にて討申に付、進退被召上、拾箇年浪人にて罷在候処、万治元年古内主膳を以被召出、御知行三貫六百拾五文被下置候御黒印所持仕候。御当代拙者親雅楽丞隠居願古内志摩を以申上候処、寛文二年八月二日に家督無御相違被下置候。同年十月廿九日之御黒印所持仕候。以上
延宝五年三月十日

36 小川弥平次

一 某祖父伊達御譜代小川弥兵衛と申、貞山様御代御歩行御奉公被仰付御扶持方を以被召仕候。従伏見白石御陣迄被召連、於御馬先に度々覚首尾能相勤申に付、御腰物迄両度拝領仕候。委細之儀は惣領熊弥兵衛方より可申上候。従貞山様最上出羽守様へ生熊御進上被遊刻、右弥兵衛御使者に被遣、熊相渡申以後籠より迯申候。御捕兼被成付捕申様にと被仰付、則捕申相渡罷帰候。其品々最上出羽守様より被仰遣付、為御褒美名字熊被仰付候。右弥兵衛元和七年相果申に付、男子宮内家督無御相違被下置、改名弥兵衛に被仰付候。拙者儀右宮内次男御座候付、品々は貞山様へ中島監物相達御耳に、右之御首尾を以御知行三貫拾八文寛永七年八月朔日右監物を以拝領仕、本苗小川に御座候旨右同人披露を以小川に被成下、御城御番被仰付候。寛永二十一年二割出目共三貫六百拾八文に被成下候御黒印、寛文元年之御黒印共頂戴仕候。以上

延宝五年二月七日

37 武田新蔵人

一 貞山様御代拙者祖父武田新蔵人儀、中嶋監物を以被召出、御知行三貫文被下置御奉公相勤申候処、実男子持不申候故、門崎左馬丞次男甚吉聟苗跡に中島監物を以申上候得ば、願之通無御相違家督御仰付、右三貫文之所被下置候。義山様御代惣御検地之上二割出目拝領仕、三貫六百拾六文に結被下候。御同代承応元年四月右甚吉病死仕候。跡式無御相違中島監物を以、同年六月家督拙者に被下置御黒印頂戴仕候。以

上

延宝四年十二月廿二日

38　米谷喜兵衛

一　拙者親米谷七郎兵衛儀、同氏喜右衛門弟に御座候処、右喜右衛門嫡子同氏長左衛門幼少之内御番代可仕由被仰付相勤申候処、右長左衛門十四歳より御番等相勤、十六歳に罷成候節御小性組に被召加御奉公仕候付、七郎兵衛儀義山様御代野谷地拝領仕、起目高三貫六百拾五文之所、正保三年六月廿三日奥山古大学を以被下置、御奉公相勤申候処、正保三年極月十四日右七郎兵衛病死仕、跡式無御相違拙者に被下置之旨慶安元年二月廿五日奥山大学を以被仰付候。当時私知行高三貫六百拾五文に御座候。先祖委細之儀嫡子筋目に御座候間、米谷長左衛門申上候。以上

延宝七年四月朔日

39　真山安左衛門

一　拙者養曽祖父真山道入儀伊達御譜代にて御知行拾貫文被下置、貞山様御代御奥方医師御奉公仕候由承伝候。誰様御代拙者先祖被召出候哉、御知行誰様御代被下置候哉不承伝候。大坂御陣之時分右道入

貞山様へ申上候は、医師之御奉公にて過分之御恩賞申請医師計仕候て罷在、拾貫文之御知行申請候儀天命も恐敷奉存候間、右御知行差上申候条誰そ御馬之先にて御用に相立申者に被下置候様にと申上候得ば、御意には御知行差上候はば及餓命に候半間、其通にて罷在候様にと被仰付候。追て道入申上候は医師にて命は相続罷在候間、是非御知行差上申度と申上候処、

貞山様御意には左様に存候は三貫文之所被下置候間、残七貫文差上可申之由被仰付候由承伝候。右道入相果実子善次に跡式無御相違三貫文之所被下置候。年号・御申次衆も不承伝候。右善次儀実子持不申候付拙者親杢右衛門・黒木左馬丞次男に御座候て、右之善次に近親類に御座候。右善次儀病死仕候付、右杢右衛門に跡式被下置候様にと奉願候処、

貞山様御代遠藤式部を以跡式無御相違被下置候。年月不承伝候。

義山様御代寛永年中惣御検地之時分二割出目被下置、三貫六百拾四文に被成下候。然処親杢右衛門儀正保四年六月廿一日に病死仕、同年極月十九日に津田豊前を以跡式無御相違拙者に被下置候。御黒印頂戴仕候。以上

延宝五年四月十一日

40 小野又左衛門

一 貞山様御代拙者親小野久兵衛御不断組に被召出、御切米三切と銀三匁四人御扶持方被下置候。但被召出候年月之儀覚不申候。

義山様御代右久兵衛八百屋御用相勤申に付、御不断組御免被成下、御広間御番被仰付候。但誰を以御免被成下、御

番被仰付候年月は覚不申候。玉造之内下目村にて野谷地申受、此起目壱貫三百四拾六文之所被下置之旨、寛永廿一年八月十四日富塚内蔵丞・奥山大学を以被仰渡候。久兵衛老衰仕に付、隠居之願申上候処願之通被仰付、跡式無御相違実子拙者に被下置之旨、明暦元年成田木工を以被仰渡候。寛文元年惣侍衆御知行・御切米・御扶持方持添之分御知行に直被下候節、右御切米御扶持方弐貫弐百五十八文に直被下之旨奥山大学を以被仰渡候。右新田取合高三貫六百四文にて御番相勤申候。以上

延宝五年二月九日

41　八島助之丞

一　拙者亡父八島九左衛門儀十七歳より貞山様へ御歩行御奉公仕、高麗御陣迄御供仕候。拙者儀次男に御座候得共右九左衛門御奉公之品々、貞山様へ奥山故大学を以申上候付て、拙者にも久荒三貫文之所寛永八年貞山様より拝領仕候。右大学御奉行御用に付て被付置之由被仰付、右大学手前にて御用相勤申候。然処寛永十五年御二之丸御取立被遊候付、御横目御日牒御用被仰付相勤申候。其以後引続御国御番仕罷在候。寛永廿一年御割之時分二割出目拝領仕、三貫六百弐文に被成下候御黒印頂戴仕候。以上

延宝四年十二月十九日

42　大内孫八

一　拙者先祖塩松牢人に御座候由申伝候得共、誰様御代先祖誰代に御当地へ罷越、御知行拝領仕候哉、一円承伝不申候。拙者実祖父大内孫右衛門儀御知行三貫文被下置、従

貞山様御代御奉公仕候処、

義山様御代惣御検地以後二割出目六百壱文拝領仕、高三貫六百壱文に罷成候。寛永廿一年八月十四日之御黒印頂戴所持仕候。然ば拙者実父大内雅楽丞儀、孫右衛門御番代等相勤罷在候処、寛文三年正月二日病死仕候。孫右衛門儀老衰仕御奉公相叶不申候間、右御知行実嫡孫に付て拙者に被下置、隠居被仰付被下置度旨申上候処、如願孫右衛門儀隠居被仰付、右御知行三貫六百壱文之所、拙者に被下置之旨、寛文七年六月廿日柴田外記方を以被仰渡候。勿論其節之御黒印所持仕候。私儀八歳之砌親病死仕、祖父儀は老衰之上拙者十四歳之節死去仕候故先祖何時より御知行被下置候哉承伝不申候。以上

延宝五年二月廿三日

43　遠藤七右衛門

一　拙者儀和賀主馬三男、母は遠藤左衛門姉に御座候。拙者御知行拝領仕候品、右左衛門又伯父遠藤飛騨、

貞山様御代寛永二年志田郡下中目村にて野谷地弐拾四町歩被下置、御竿入高三貫文手前開発御座候処、飛騨子共無之付飛騨死去仕候以後、右三貫文左衛門に被下度旨存生之節、

貞山様へ遠藤式部を以申上、如願被仰付候。飛騨相果申

義山様御代寛永十六年鴇田駿河を以、右三貫文拙者被下置度旨左衛門願申上候得ば、願之通被成下之旨同年三月右駿河を以被仰付候。其節御番所虎之間被仰付候。其以後同十八年御検地之砌二割出目拝領仕、当高三貫六百文之御黒印拝領仕候。以上

延宝五年三月十一日

44　島津伝兵衛

一　拙者祖父同氏文右衛門儀筑前殿へ御奉公申上候由は申伝候得共、如何様に被召仕候哉不奉存候。筑前殿御死去以後、

貞山様へ被召返御知行高三貫文被下置候。

義山様御代御分領中御検地被相入候時分二割出目六百文被下置、都合三貫六百文に被成下候。然処右文右衛門男子持不申候付拙者儀右文右衛門孫に御座候故家督に仕度段数年より申立御前相済罷在候処、寛文十年九月十一日に病死仕候付拙者に家督無御相違被下置之由、同年霜月廿八日古内志摩を以被仰付、拙者御知行高三貫六百文に御座候。以上

延宝四年十二月十三日

45　伊藤十三郎

一　拙者曽祖父伊藤休安御知行三貫文被下置候。

貞山様御代被召出候哉、誰を以被下置候哉、御次医師之御奉公相勤罷在病死仕候。年久儀に御座候て年号承伝不申候。右休安跡式

貞山様御代に、祖父同氏喜平次に無御相違茂庭故周防を以被下置候。

義山様御代右喜平次衣躰之願茂庭中周防を以申上候処、則御次医師並に被仰付、同氏徳安と改名被仰付御奉公相勤申候。

御同代惣御検地之時分二割出之地六百文被下置、三貫六百文之高に被成下候。右徳安明暦元年十月廿三日病死仕候付て右周防を以申上候処、跡式御知行三貫六百文拙者親同氏半兵衛に無御相違右周防を以被下置候。年号は承伝不申候。寛文七年三月十五日右半兵衛病死仕候に付、半兵衛跡式御知行三貫六百文

御当代寛文七年七月六日柴田外記を以、無御相違拙者に被下置候。御国御番相務罷在候。拙者幼少之砌親半兵衛相果申候故、先祖委細之儀は承伝不申候。以上

延宝七年三月廿日

46 御歩小性 日野勘兵衛

一 拙者養父日野正兵衛儀

貞山様御代寛永六年庄子作十郎を以御歩小性組に被召出、御切米壱両・御扶持方四人分被下置御奉公仕候。同十年黒川之内大谷糟川村にて御売新田野谷地三町分被下置、起目三貫三百六文之所、同十二年極月廿三日右作十郎を以拝領仕御奉公相勤申候。同年中

義山様御代惣御検地之節二割出目共に三貫六百文拝領仕、同廿一年御黒印頂戴仕候。右正兵衛男子持不申候付、拙者儀日野平四郎弟に御座候を、聟苗跡に奉願候処、願之通被仰付候。正兵衛儀寛文九年七月十七日病死仕候付、家督無御相違同年極月九日古内志摩を以拙者に被下置、御黒印頂戴仕候。以上

延宝五年三月六日

47　進藤次兵衛

一貞山様御代拙者親進藤次助儀寛文九年に横尾伊勢を以被召出、御切米五切銀十匁・三人御扶持方被下置、御不断組に御奉公申上候。同十五年より慶安二年迄江戸御作事定御用相勤、同三年より明暦二年迄御肴定御用相勤申候付、

義山様御代山口内記を以御不断組御免被成下、其上為御加増御切米弐切銀五匁・御扶持方壱人分被下置取合四人御扶持方・御切米弐両被下置候。然処明暦三年より病人に罷成御役目勤兼御訴訟申上候処願之通御免被成下候。寛文十年二月廿六日病死仕候。跡式無御相違同年五月廿二日原田甲斐を以拙者に被下置候。其以後寛永十年十月野谷地拝領仕自分開発仕、延宝四年に御竿被相入、代高百壱文同六年五月佐々伊賀を以被下置之旨被仰渡候。同年十月右野谷地開発高三貫四百七拾七文被下置取合三貫五百七拾八文之高に被成下之旨黒木上野を以被仰渡、都合四人御扶持方・御切米弐両・御知行三貫五百七拾八文拝領仕候。以上

延宝七年九月十日

48 鹿野八九郎

一 拙者祖父鹿野下総儀伊達御譜代に御座候処、貞山様御代被召出御知行弐貫九百七拾文被下置候。下総儀寛永三年に病死仕候付、跡式無御相違拙者親八左衛門に被下置候。寛永廿壱年惣御検地之砌二割出目被下置、取合三貫五百六拾三文之高に被成下候由承伝候。拙者幼少之砌八左衛門相果申候故、下総被召出候御申次・家督被仰付候御申次・年号不承伝候。八左衛門儀万治三年四月十九日病死仕候付、跡式無御相違同年八月朔日津田玄蕃を以拙者に被下置、御黒印頂戴仕候。以上

延宝五年四月八日

49 御歩小性 羽田又兵衛

一 拙者先祖岩城譜代に御座候処、貞山様御代祖父羽田右馬助御歩小性組に被召出、御切米六切十匁・御扶持方四人分被下置御奉公相勤申候。右右馬助病死仕候に付、嫡子仲右衛門に無御相違家督被下置候。其節之年月・御申次不承伝候。義山様御代右仲右衛門野谷地拝領致開発、高三貫五百五拾九文之所、寛永廿一年八月十四日に被下置候。其節之御申次は不承伝候。右仲右衛門実子出生不仕候付、拙者儀粟野勘助次男に御座候、養子仕苗跡相続為仕度段、慶安四年山口内記を以申上候処願之通被成下候。右仲右衛門儀明暦元年二月病死仕候に付、家督之願差上申候処無御相違拙者に被下置段、同年六月十二日右内記を以被仰渡候。拙者進退三貫五百五拾九文と御切米六切拾匁・御扶持方四人分拝領仕候。以上

延宝五年三月廿日

50 石沢兵左衛門

一 拙者祖父石沢次郎右衛門儀最上牢人に御座候。拙者親同氏五右衛門儀慶安三年より無足にて御蔵御割屋へ被召出、承応二年極月御切米壱両・御扶持方四人分被下置候。明暦元年に御切米二切御加増被下置、同三年に御知行八百八拾四文御加増被下置候。寛文元年御切米御扶持方を御知行に直被下取合三貫五百四拾壱文に被成下候。右御切米之内二切と御知行八百八拾四文之御加増并御切米・御扶持方之通、御知行に直被下候段は、如何様之品にて御座候哉不承置候。右五右衛門儀寛文十一年病死仕候付て、跡式拙者に被下置度旨願差上、無御相違拙者に被下置由同年七月片倉小十郎を以被仰付候。当時拙者知行高三貫五百四拾壱文之御黒印頂戴仕候。以上

延宝五年二月廿二日

51 安久津新右衛門

一 拙者儀安久津新兵衛次男に御座候。義山様御代慶安四年四月廿三日成田木工を以江戸定御供に被召出、承応元年三月十日成田木工を御切米四両・四人御扶持方被下置、御奉公仕候。御当代寛文四年野谷地申受開発之地三貫五百二十五文、寛文八年八月廿九日原田甲斐を以被下置候御黒印頂戴仕候。当時拙者進退御切米四両・四人被扶持方知行三貫五百弐拾五文に御座候。拙者先祖之儀は惣領安久津金左衛門方

より可申上候。以上

延宝五年二月廿二日

52　半田久三郎

一　拙父半田久兵衛儀

貞山様御代被召出御切米弐両・四人御扶持方伊藤肥前を以被下置、御歩行に被召仕候処、大町三十郎御側小性之砌御横目に被相付候処に、右三十郎儀背御意切腹被仰付候付、親久兵衛儀も進退被召上、義山様御代松島にて

貞山様御法事之砌古内主膳を以被召出御切米四切四人御扶持方被下置御国御番仕罷在候。拙父以前之儀は不承伝候。義山様御代承応三年遠田郡八幡村野谷地山口内記・真山刑部書付を以開発仕、御竿入高壱貫三百五拾四文之所御知行高に被成下候。何年に誰を以被下置候哉、拙者幼少にて委細不存候。御当代何も御切米・御扶持方知行に直被下並に、親久兵衛御切米四切・御扶持方四人分御知行弐貫百五拾四文に直被下、右御知行高合三貫五百八文に結被下置候。親久兵衛寛文七年二月十三日病死申候に付、同年四月廿九日柴田外記を以、跡式三貫五百八文無御相違拙者に被下置候。以上

延宝七年十一月二日

53　佐々布百助

一　拙者養高祖父佐々布久右衛門弟同氏淡路越前浪人に御座候処、貞山様御代被召出、右久右衛門に御知行弐拾七貫三百文被下置、久右衛門儀元和年中相煩御奉公相勤兼申に付、実子六蔵幼少に御座候間、右淡路嫡子五郎右衛門に久右衛門御知行高相譲申由申伝候。拙者曽祖父右六蔵御奉公相勤申年比に罷成候ば、六貫三百六拾六文分渡可申由久右衛門存生之内申定候に付、義山様御代古内主膳を以右之品申上候処、六貫三百六拾六文右主膳を以六蔵に被下置、御小性組に被召仕由申伝候。右御知行何年に分被下候哉不承伝候。其以後惣御検地之砌二割出目壱貫弐百七拾三文被下置、都合七貫六百三拾九文に被成下候。御黒印頂戴所持仕候。其後六蔵病死仕候付、跡式嫡子祖父市太夫に無御相違、古内主膳を以義山様御代被下置候。年号は不承伝候。承応二年十二月二日之御黒印頂戴所持仕候。御当代寛文六年六月右市太夫病死、子共無之に付跡式弟拙者養父正次郎に被下置度由奉願候処、半分を以跡式正次郎に被下置旨、古内志摩を以同年九月廿五日被仰付御黒印頂戴所持仕候。其以後正次郎改名宇左衛門に被仰付候。延宝四年二月宇左衛門病死仕、子共無御座候付、拙者儀笹町治兵衛次男宇左衛門為には従弟に御座候間、苗跡被仰付被下度段親類共奉願候処御減少を以三貫文拙者に被下置之旨、同年六月六日大条監物を以被仰付候。且又野谷地拝領起目五百四文延宝六年五月廿五日、黒木上野を以被下置、当時拙者知行高三貫五百四文に御座候。右新田之御黒印は于今頂戴不仕候。先祖委細之儀は佐々布五郎右衛門方より可申上候。以上

延宝七年三月十九日

侍衆

御知行被下置御牒（五十二）

三貫五百文より
三貫七文迄

1　岡崎五郎右衛門

一御当代拙者兄岡崎宇右衛門、知行高之内三貫五百文拙者に為分取申度段、寛文五年願差上申に付、同年六月富塚内蔵丞を以願之通被成下、御広間御番被仰付候。御黒印奉頂戴候。先祖委細之儀は同苗吉之丞可申上候。以上
延宝七年二月廿六日

2　浦山彦右衛門

一拙者先祖最上譜代に御座候。私儀浦山善左衛門実次男に御座候処、義山様御代善左衛門儀、自分取立新田起目高拾貫七百五拾二文所、万治元年正月廿二日山口内記を以被下置候。右高之内三貫五百文之所、善左衛門已後拙者に被分下度旨、御当代右善左衛門願申上候処、如願被仰付之由、寛文五年正月廿七日茂庭中周防を以被仰渡候。然処善左衛門儀寛

文九年四月七日病死仕候付て、右奉願相済申候通三貫五百文之所拙者に被下置度旨、実兄同氏七右衛門に跡式申立候節、親類共願申上候処、如願之三貫五百文之所拙者に被下置之旨、寛文九年八月十九日古内志摩を以被仰付候。先祖之儀は右七右衛門申上候。以上

延宝七年三月十六日

3　大友四兵衛

一　拙者親大友小兵衛儀寛永拾年より笹町新左衛門・田中惣左衛門手前にて御米御用、同拾七年迄無足にて相勤申に付て、義山様御代和田因幡・鴇田駿河を以、御切米壱両・四人御扶持方被下置被召出、御番所御広間被仰付候。然処同弐拾年宮城郡本郷村にて、野谷地弐町六反歩、武田五郎左衛門・和田因幡書付を以拝領仕候。正保元年御竿被相入弐貫六百文、同三年六月廿三日真山刑部・和田因幡・山口内記を以被下置、御黒印頂戴仕候処、明暦弐年右同郡同村にて切添壱貫四拾三文、同郡加瀬郷にて起目三拾文柳生権右衛門・堀越甚兵衛を以被下置、三貫六百七拾三文之高に被成下御黒印致頂戴候。寛文元年御知行御切米・御扶持方被下候衆御知行に被直下候節、何も並に右御切米御扶持方御知行に被直下、取合六貫四拾五文之高に被成下御黒印頂戴仕候。小兵衛老衰仕候付、延宝元年に隠居願申上候処願之通被仰付、右之御知行高之内三貫五百文之所拙者に被下置家督被仰付、弐貫五百四拾五文所三男同氏長九郎に分被下度旨奉願候付、如願之被仰付旨同年極月廿六日大条監物を以被仰渡候付、拙者進退高三貫五百文に御座候。以上

延宝五年三月十六日

4　鎌田一郎兵衛

一　拙者親鎌田九郎左衛門儀
貞山様御代御切米壱両・三人御扶持方被下置、御不断御奉公に被召出、
御同代寛永二年三月十八日清野半右衛門御取次にて、名取之内手倉田村に御買新田申請起目高壱貫五百六拾七文之
所拝領仕、其已後寛永三年に右御不断御奉公馬場出雲を以御免被成下、奥山故大学御番組に被仰付候。右九郎左
衛門歳寄申候に付て、
御当代隠居仕度候段願申上候処、寛文弐年三月六日奥山大学を以如願之被仰付、跡式無御相違拙者に被下置御奉公
相勤申候。然処何も御扶持方御切米御知行被直下候節、右同年六月十日右御切米御扶持方伊貢之内平貫村にて高
壱貫九百弐拾弐文被直下、都合三貫四百八拾九之高に被成下、御黒印頂戴所持仕候。以上
延宝五年二月九日

5　富田八兵衛

一　拙者御知行拝領仕候儀
義山様御代兄富田九郎左衛門拝領仕、御知行之内栗原郡一迫大川口村にて三貫四百八拾五文之所為分取申度段、明
暦元年津田豊前を以申上候得ば、同苗九郎左衛門願之通右豊前を以被仰付候付て拝領仕、御黒印頂戴仕候。以上

延宝五年正月十三日

6　小原清右衛門

一　拙者先祖伊達御譜代之筋目に御座候。曽祖父小原縫殿助儀小原信濃一性之弟に御座候。刈田郡小下倉村被下置、知行仕致住居之由承伝申候。縫殿助御知行高承伝無御座候。右縫殿助儀死去仕候節進退相禿申候。嫡子助五郎・次男助左衛門牢人にて五ヶ年程柴田郡成田村に罷有候処、右助五郎儀大町刑部を以御給主衆に被召出、御知行壱貫百文被下置候。右助五郎儀慶長拾六年九月死去仕候付、拙者亡父作右衛門儀、右助五郎嫡子に御座候付家督被下置、寛永七年迄御給主衆御奉公相勤、大坂両度之御陣へも御供仕、貞山様御時代同八年に茂庭周防を以右御給主組御赦免、御切米二両・四人御扶持方に被成下、同年九月より御伝馬御印判渡御役目被仰付、明暦弐年極月右御役目御赦免被成下、万治三年故周防を以大番組被仰付候。家督三男吉之丞に被下置、作右衛門に改名被仰付、古作右衛門儀当正月廿日に死去仕候。次男同氏作助儀は御勘定衆御奉公被召出、新規進退被下置候。拙者儀は右故作右衛門嫡子に御座候処、義山様御時代慶安元年八月御勘定屋御奉公被召出、山口内記を以御切米弐両・四人御扶持方被下置、万治三年迄右御奉公相勤申、同年霜月より奥山大炊御家老御役目之節、同人手前物書御用被仰付寛文三年八月迄右御用相勤申、同四年二月右大炊を以大御番組被仰付候。然処相続仕候実子持不申付実姪養子に仕、日野平四郎次男正内聟苗跡に仕度由延宝三年七月奉願候処、於江戸小梁川修理被遂御披露如願被成下由、同年九月九日に柴田中務を以被仰渡依之右平四郎に被下置候。新田三貫四百七拾七文之所拙者に被下置度由、延宝六年正月奉願候付、於江戸中務

・佐々伊賀被遂御披露之処に、持来御切米・御扶持方に被差添被下置旨、延宝六年十月十八日に黒木上野を以被仰渡、私進退三貫四百七拾七文と御切米弐両・四人御扶持方に御座候。右御黒印は于今頂戴不仕候。右縫殿助以前之儀は小原惣領筋目に御座候間、小原太郎左衛門方より可申上候。以上

延宝七年七月六日

7 山崎左平次

一 拙者祖父山崎与右衛門儀米沢譜代之者に御座候。貞山様御代御知行三貫八拾三文被下置、御奉公仕候由承伝候得共、何時被召出誰様御代拙者先祖を始て被召出候哉其段は不奉存候。右与右衛門病死仕候付て、義山様御代嫡子勘太郎に跡式被下置候。年号・御取次不奉存候。勘太郎儀も病死仕候付、男子無御座、弟同苗与右衛門に右御知行高無御相違被下置候。年号・御取次相知不申候。御同代野谷地拝領起目弐貫弐百七拾壱文被下置、本地取合五貫三百五拾四文之高に被成下候。是又年号・御取次不奉存候。右与右衛門儀男子持不申に付て、赤井筑後三男孫市聟名跡申合、五貫文は孫市持参取合拾貫三百五拾四文之高に被成下旨寛文元年十一月被仰渡候。誰を以被仰渡候哉不奉存候。孫市病死仕、押付与右衛門儀も病死仕候付、拙者儀は斎藤源右衛門次男に御座候て、与右衛門甥に御座候に付て、右与右衛門跡式を御積を以被立下度之旨寛文九年五月願申上候処、三ケ一を以被立下旨、同年九月古内志摩を以被仰渡、三貫四百五拾壱文之御黒印奉頂戴候。以上

延宝五年二月十三日

8　片平一郎兵衛

一　拙者母方之祖父片平九郎右衛門儀仙道譜代に御座候由承伝候得共、誰様御代被召出、何代御奉公仕候哉、祖父已前之儀は不承伝候。貞山様御代磐井郡東山之内山田村・桃生郡深谷之内浅井村於弐ケ村之内に、高壱貫七百五拾九文之所元和三年に被下置、御下書所持仕候。其後御家中より知行被為借並を以、右知行被為借、追て御切米弐切・御扶持方四人分被下置由承伝候。委細之品は不奉存候。右段々被成下候年号・御申次相知不申候。右九郎右衛門儀老衰仕候得共、男子無之付、隠居願上、跡式無御相違、寛永拾九年三月廿三日山口内記を以拙者に被下置、其後正保元年三月十三日に御歩行之御奉公被仰付、御加増拝領御切米弐両・四人御扶持方に被成下致勤仕候処、拙者実父大浪平右衛門儀、御切米壱両・四人御扶持方被下置、寛永十八年十二月廿六日野谷地拝領、正保三年六月廿三日起目高三貫四百三拾八文之所山口内記を以被下置候。親平右衛門承応三年六月致病死候付、跡式四人御扶持方を以大浪之苗跡拙者弟甚太郎五歳之時被立下、只今大浪三郎兵衛と改名御奉公仕候。相残御知行三貫四百三拾八文と御切米壱両拙者に為御加増、承応三年十月廿五日山口内記を以被下置、私本進退に取合御切米三両・四人御扶持方に、高三貫四百三拾八文之所被下置御黒印頂戴仕候。以上

延宝五年正月廿八日

9 御不断 桂島孫左衛門

一貞山様御代拙者親桂島孫六儀御不断組に被召出、御切米壱両・三人御扶持方被下置御奉公仕候処、寛永拾九年国分之内野村にて野谷地三町拝領仕致開発、同廿壱年御竿被相入同年八月十四日和田因幡・山口内記を以高三貫四百弐拾文に被成下候。御黒印頂戴仕候。親孫六儀年六拾五歳にて隠居之願差上、万治三年三月廿九日森田杢右衛門を以如願之隠居被仰付、跡式無御相違拙者に被下置、当時拙者進退御切米壱両・三人御扶持方と御知行高三貫四百弐拾九文に御座候。勿論御黒印頂戴仕候。以上

延宝五年二月廿九日

10 遠藤勘四郎

一 拙者養伯父遠藤権四郎儀伊達右衛門殿へ御仕着にて御奉公仕候処、右衛門殿御死去に付て、殉死之御供仕候。権四郎実子持不申に付、弟五郎兵衛

貞山様御代被召出、御知行二貫文中島監物を以被下置之由承伝候。権四郎儀誰を以何年に被召出候て、弟五郎兵衛に御知行何年被下候哉其段不承伝候。

義山様御代寛永弐拾壱年二割出目、四百九文拝領、都合弐貫四百九文に被成下、同年八月十四日之御黒印頂戴仕候。右五郎兵衛儀も実子無御座候付て、拙者儀梅森右馬丞三男に御座候を、幼少より養子に申合候処、五郎兵衛病人に罷成候付、慶安弐年霜月廿日故戸田喜太夫を以願申上五郎兵衛隠居被仰付、家督無御相違御知行高弐貫四百九

文之所拙者に右同人を以同年同日に被下置、御国御番仕候処明暦元年より寛文六年迄仙台并御村方色々御用被仰付相勤申候。引続同年八月より御国御扶持方御横目御用被仰付、去年迄都合弐拾三ヶ年相勤申候。御当代寛文元年十一月十六日之御黒印奉頂戴候。且亦従弟片倉喜右衛門知行高之内壱貫文願申上、去年極月廿六日に分被下、都合三貫四百九文之高に被成下由御意之段黒木上野を以被仰渡候。拙者儀幼少にて五郎兵衛養子に罷成候故、同人先祖委細不承伝候。以上

延宝七年二月廿二日

11　矢吹弥十郎

一　拙者儀大内甚七弟に御座候て無足にて罷有候処、矢吹八右衛門拙者親類に付八右衛門持添之新田三貫三百九拾文之所、拙者分被下置、苗字矢吹に被成下度由、於御国元柴田中務・古内志摩方へ寛文拾壱年願差上申候処、於江戸片倉小十郎・茂庭主水御披露之上、寛文十二年正月廿五日右八右衛門願之通持添之所拙者被下置、同年より引続当年迄御国御番相勤罷有申候。以上

延宝四年十二月八日

12　松木与惣兵衛

一　拙者儀松木瑞詮次男に御座候処、御切米二両・四人御扶持方明暦二年九月十二日山口内記・真山刑部を以被下置被召出候。其已後為御加増弐両壱人分、合四両五人御扶持方寛文元年十二月十三日奥山大学・和田織部・木村久

馬を以被下置候。右之通小進に御座候付、拙者妹壻新藤九右衛門拝領之新田、起目高三貫三百八拾七文拙者に被下置度由寛文八年四月廿六日に九右衛門願差上申候処に、於江戸兵部殿・右京殿へ柴田外記・津田玄番遂披露候処被聞召届被下置由、古内志摩御番替に付、原田甲斐一判之由寛文八年八月廿九日之書付を以被申渡、同年同日之御黒印奉頂戴、合進退御切米四両・五人御扶持方と知行高三貫三百八拾七文に御座候。先祖之儀は親瑞詮家督之惣領同氏道意可申上候。以上

延宝五年三月十六日

13 小島五右衛門

一 拙者御知行高三貫三百七拾九文に御座候。御当代兄小島五兵衛御知行高之内拙者に被下置、御奉公為仕度と五兵衛奉願上、右之通に被成下御意之段、寛文拾年二月廿三日に原田甲斐申渡候。以上

延宝四年十二月十六日

14 茂木四郎左衛門

一 拙者実父茂木四郎左衛門儀葛西浪人御座候処、貞山様御代被召出御知行高四貫七百四拾壱文被下置、御作事方御積横目に被召仕候。何年に誰を以被召出、御知行被下置候哉不承伝候。寛永拾八年御検地弐割出共高五貫六百八拾壱文被下置候。明暦元年十一月病死仕候に付、

拙者願申上、右知行高之内弐貫八百四拾文之所は茂木勘十郎に被下置、拙者妹壻に被仰付、御積横目に被召仕候。残高弐貫八百四拾壱文拙者被下置御番所被仰付被下置度旨奉願候処

義山様御代明暦三年六月廿五日山口内記・真山刑部を以如願之被仰付候。寛文六年桃生郡樫崎村之内にて野山畠新田鴇田淡路・田村図書書付にて被下置、同十年に御竿入、起目七百三拾八文之内二百三文は松浦加右衛門親類に御座候付被分下、残五百三拾五文之所拙者被下度由奉願候処に、如願之被成下旨、同拾弐年正月廿五日に、柴田中務被申渡候。本知行取合三貫三百七拾六文被下置御黒印頂戴仕候。以上

延宝七年三月廿七日

15　中村次左衛門

一　拙者先祖伊達御譜代御座候。

貞山様御代親中村次左衛門御不断組御奉公に被召出、御切米・御扶持方被下置候。寛永十三年二月蟻坂丹波を以、御切米・御扶持方被直下御知行高弐貫八百九文御座候。

義山様御代惣御検地入二割出被下置、三貫三百六拾九文に被成下、組之御奉公御免被下、御広間御番所被仰付、右次左衛門実子無御座候付、拙者儀同苗八郎右衛門次男に御座候て次左衛門に従弟に御座候故、養子仕跡式被下置候様に、

義山様御代古内故主膳を以御披露申上、慶安弐年三月十二歳にて、御目見仕、承応元年二月より奥山与市左衛門御番組番代仕候処、明暦四年七月親次左衛門病死仕候付、跡式古内中主膳を以、

綱宗様へ御披露申上、同年十二月右主膳を以家督無御相違被下置旨被仰渡候。万治二年六月右主膳を以綱宗様へ御目見仕候。右知行高之御黒印頂戴仕候。以上

延宝四年十二月廿四日

16 橋本次兵衛

一 橋本右馬助儀田村御譜代御座候。貞山様御代に被召出、御知行四貫六百五拾文之所・富塚内蔵丞を以被下置候。右之右馬助儀明暦三年九月五日病死仕、嫡子次郎兵衛引続御知行高之通無御相違、義山様御代に被下置、其後山口内記を以野谷地新田五貫九百四拾文之所被下置、拾貫五百九拾五文に罷成候。其已後御当代寛文元年霜月十六日知行地付起目新田七百四拾文奥山大炊を以拝領仕、拾壱貫三百三拾五文に被成下候。右次郎兵衛儀寛文九年六月七日病死仕、嫡子次郎作に右御知行高之通無御相違、御当代同年九月廿五日古内志摩を以被下置候処、次郎作儀寛文十一年七月十八日に病死仕候。然処家督に相立可申子共就無之、拙者儀次郎兵衛甥に御座候故、次郎作妹に取合跡式被立下度段、親類共奉願候処、御減少を以三貫文寛文拾壱年十二月廿五日に古内志摩を以被下置候。其後除屋敷へ御竿被相入、三百五拾三文延宝三年十一月廿三日に柴田中務を以被下置、当時拙者知行高三貫三百五拾三文に御座候。御黒印于今頂戴不仕候。以上

延宝五年正月廿日

17

猪苗代喜兵衛

一　拙者先祖田村御譜代御座候。曽祖父猪苗代甲斐祖父同氏起雲誰様御代御奉公仕候哉、様子一切不承伝候。起雲実子拙者親猪苗代太郎右衛門儀貞山様御代御知行十八貫文被下置候。年号・御申次は不承伝候。
義山様御代寛永拾五年に拾二貫文御加増、古内故主膳を以被下置候。合三拾貫文被成下御物頭被仰付候処、御勘当之儀御座候付て寛永十八年八月十四日に進退被召上、御国御免にて罷有候。正保元年五月十四日に死去仕候。拙者儀承応三年正月廿四日於松島
陽徳院様御一周忌御法事之時分御勘当御免被成下度段、陽徳院住持を以願申上候処に、御免被成下段、古内故主膳を以被仰渡候。其節より引続御村御用拾四ヶ年余相勤罷有候。
御当代寛文八年五月廿四日
貞山様三十三年御廻忌之時分拙者儀及餲命に申段、瑞鳳寺を以親類之者共願差上申候処、同年六月三日に被召出御扶持方・御切米重て可被下置由、古内志摩を以被仰渡候。寛文拾年
義山様十三年御廻忌之時分、七月九日に御切米判金壱枚・御扶持方拾人分原田甲斐を以被下置候。御知行三貫三百三拾壱文之所は拙者浪人之内新田見立申、寛文五年八月六日に兄遠藤市左衛門野谷地拝領仕候致開発、御竿相入高にも罷成候はゞ、品々訴訟仕、拙者に被下置、御奉公仕度と、右市左衛門存入にて親類共申合、合力を以起立御竿相入、三貫三百三拾壱文に罷成、寛文十一年五月八日に古内志摩を以市左衛門拝領仕候。然処右之願不申上内死去仕候。市左衛門志に候間拙者に被下置度段、当市左衛門并親類共願之覚書、寛文十三年八月三日に差上申

候得ば願之通拙者に被下置段、延宝元年十一月廿五日に大条監物を以被仰渡候。右進退取合御知行三貫三百三拾壱文・御切米判金壱枚・十人御扶持方拝領仕候。御黒印は于今頂戴不仕候。従貞山様祖父猪苗代起雲方へ被下置候御書于今所持仕候。以上

延宝七年三月三日

18 今村伝吉

一 拙者儀万治三年に御勘定方に被仰付、寛文弐年十二月廿五日御切米二両・御扶持方四人分奥山大学を以被下置候。然処寛文四年二月十七日に、上郡山九右衛門知行之内にて野谷地拝領仕、同八年三月十七日御竿被相入、同九年四月五日三貫三百二拾四文之所、柴田外記を以被下置、御黒印頂戴仕、御知行三貫三百弐拾四文と御切米二両・四人御扶持方に御座候。以上

延宝五年正月廿三日

19 熊谷吉右衛門

一 拙者亡父熊谷掃部儀葛西浪人に御座候。貞山様御代奥山古大学を以被召出、御知行二貫七百五拾文被下置御奉公相勤申候。義山様御代寛永廿一年惣御検地之節二割出目五百五拾文被下置、取合三貫三百文之御黒印頂戴仕候。御当代寛文三年三月十八日親掃部病死仕候。跡式無御相違拙者に被下置旨奥山大炊を以同年七月廿二日被仰付、右

高之御黒印頂戴仕候。以上

延宝五年二月三日

20　真山九平次

一　拙者儀真山久左衛門次男御座候処

義山様御代に野谷地山口内記・真山刑部を以右久左衛門拝領仕自分開発、高三貫弐百八拾八文之所拙者に相譲御奉公をも為仕度旨、

綱宗様御入国之刻右久左衛門願上申候処、願之通万治三年二月富塚内蔵丞・茂庭周防を以拙者被下置御黒印頂戴仕候。当時拙者知行高三貫二百八拾八文に御座候。以上

延宝四年十二月廿三日

21　荒井次郎兵衛

一　私曽祖父荒井長門儀累世会津に住居仕候。

貞山様岩出山御在城被成置候時分右長門被召出、御知行五貫文被下置御城御番相勤罷有候処、奥侍蜂起為御制禁湯村信濃深谷に被差置候時分、長門同輩拾余人与力に被相附、引続伊藤肥前・同氏新左衛門御預給主に被仰付候。

貞山様御代御買新田被下置候時分長門儀も御新田拝領仕、寛永廿一年御検地弐割出被下置候節、本地新田取合御知行高八貫二百五拾文に被成下由承伝候。曽祖父長門相果祖父長門に苗跡相済、伊藤新左衛門御預給主に相属罷有

候砌、私親同氏善兵衛儀、右長門嫡子に御座候付、長門御知行高八貫弐百五拾文之内、右善兵衛に三貫二百五拾文分被下置御給主組御赦免被成下、如何様之御奉公をも被仰付被下置度段、右長門伊藤新左衛門を以明暦三年に願申上候処、願之通御知行三貫弐百五拾文分被下、御給主組御赦免善兵衛に御国御番被仰付旨、義山様御代に被仰渡御番相勤罷有候処、善兵衛儀万治元年十一月四日に病死に付、苗跡綱宗様御代古内中主膳御取次を以、万治三年三月朔日に無御相違拙者に被下置候。御知行高三貫二百五拾文に御座候。先祖御知行拝領仕候品、且又御新田拝領跡目段々被下置候年号時々之御申次、拙者幼少之時分親善兵衛相果申候故不承伝候。以上

延宝五年三月十六日

22 御歩小性《おかちこしょう》 西荒井兵蔵

一貞山様御代大坂御陣之節、牧野大蔵を以拙父西荒井勘右衛門被召出、御扶持方御切米被下置、御歩小性組被召仕候。右御扶持方御切米之員数・年号不承置候。

御同代御知行弐貫六百九拾七文に被直下御黒印拝領仕候。如何様之品を以被下置候哉年号・御申次不承伝候。

義山様御代惣御検地之節、五百二拾文二割増被下置、都合三貫弐百拾七文之所被下置候由承及候。

御同代右勘右衛門老衰仕候故先早川勘解由を以明暦二年二月二日隠居願申上候処、同年同月十四日に右勘解由を以被仰渡候。右御知行高三貫弐百拾七文之所引続嫡子私被下置候。以上

延宝五年三月廿二日

23　青木弥平

一　拙者養父同苗平兵衛儀本地高拾貫文之所は養嫡子平左衛門に被下置候付、先祖御知行拝領之品右平左衛門方より委細可申上候。右平左衛門養子に申合、已後右拾貫文之外、義山様御代山口内記を以、新田三貫弐百六文開発、承応四年四月十六日に右平兵衛拝領仕、綱宗様御代甥に御座候付、拙者に被下置度旨富塚内蔵丞を以申上候処、万治三年二月之比右同人を以、願之通無御相違拙者に被下置候。当時御知行高三貫弐百六文之御黒印頂戴仕候。拙者実父は右平兵衛弟石田五郎兵衛次男に御座候。以上

延宝五年三月四日

24　朴沢道無

一　拙者先祖代々宮城郡国分之内朴沢村、其外数ヶ所知行仕罷在候。委細兄同苗利兵衛申上候。拙者儀右利兵衛知行高之内弐《ママ》貫四百文被分下、医道之御奉公為仕度由、利兵衛願申上候付て、寛文十年五月廿八日右如願之被成下旨柴田外記を以被仰渡御黒印頂戴仕候。以上

延宝五年四月廿五日

25　福原覚左衛門

一　拙者祖父福原弥次郎儀田村御譜代に御座候処

貞山様御代伊藤肥前を以被召出、御知行四貫九百七拾三文・御切米六切被下置御歩小性御奉公相勤申候処、右祖父弥次郎病死仕候付、依嫡子親弥蔵に伊藤肥前を以家督無御相違被下置候。年号等は不奉存候。拙者親弥蔵慶安三年二月病死仕候。願申上候処同年五月十四日に奥山与市左衛門を以願之通家督拙者に被仰付引続御奉公相勤候。且又拙者伯父同氏四郎兵衛無足にて罷有候儀無拠奉存、拙者被下置候御知行之内壱貫八百文・御切米六切分被下組付御奉公被仰付、拙者儀は組付御奉公御赦免被成下度旨

御当代寛文四年九月十日早川勘解由を以申上候処、願之通同氏四郎兵衛儀は組付御奉公に被相入、拙者知行高之内壱貫八百文に御切米六切被下置、拙者儀は組付御奉公御免被成下之旨寛文五年二月十八日早川勘解由を以被仰付、御番相勤申候。拙者知行高三貫百七拾三文被下置御黒印頂戴仕候。以上

延宝五年三月十三日

26　御歩小性組　塩沢権内

一　拙者儀塩沢庄右衛門次男に御座候処、寛文五年御切米壱両・四人御扶持方被下置、石母田杢助を以御歩小性組に被召出御奉公仕候。拙者兄同氏正左衛門、寛文四年に野谷地拝領開発、高三貫百七拾壱文之所同八年八月廿九日に原田甲斐を以被下置御黒印頂戴仕候。然処庄左衛門新田高三貫百七拾壱文拙者相譲申度段、寛文十年に奉願候処、願之通被成下旨同年二月廿三日原田甲斐を以拙者に被下置、御黒印頂戴仕候。当時知行高三貫百七拾壱文と御切米壱両・四人御扶持方に御座候。先祖之儀惣領塩沢又右衛門方より申上候。以上

延宝五年二月十三日

27
鎌田善内

一　拙者先祖伊達御譜代之由承伝候。然処私曽祖父鎌田孫九郎儀幼少之時分、性山様御代に、米沢より浪人仕宮城へ罷越、祖父同氏九右衛門代迄浪人にて罷有、其上病人に御座候故、御奉公をも不奉願罷有候。右孫九郎儀何様之品を以浪人仕候哉不承伝候。拙者親同氏善内儀無進退にて御普請方御用二拾二・三箇年相勤申に付、御当代万治四年奥山大学・木村久馬を以被召出、御切米弐両・四人御扶持方被下置候。且又伊達上野殿伊沢郡宇和野村新田御取立被成候付、私父善内御普請方被相頼候付、右之品々御願を以分被下度旨被仰上候付、右新田起目之内壱貫三拾四文寛文七年柴田外記を以被下置御黒印頂戴仕候処、私父善内儀寛文九年病死仕、跡式無御相違、寛文九年十月廿二日に古内志摩を以被下置候。右上野殿より追て御願を以、新田起目之内八百五拾三文之所寛文十二年に古内志摩を以拙者被下置候。且又賀美郡小野田御蔵御新田御普請方親善内に被仰付、首尾能相調申候付、右御新田起目之内壱貫弐百六拾弐文、延宝三年に柴田中務を以拙者被下置候。都合三貫百四拾九文と御切米弐両・四人御扶持方被下置候。以上
延宝七年二月晦日

28
御歩小性
永野源内

一　拙者養祖父永野藤内儀、貞山様御代御歩小性組に被召出、御切米・御扶持方被下置御奉公仕候処、実子無御座候付、拙者養父同苗九八儀藤

内甥に御座候付、養子仕、跡式右九八に被下置候由承伝候。御切米・御扶持方之員数且又何年家督相続仕候哉、年号・御申次も不承伝候。

御同代御切米・御扶持方御知行二貫六百弐拾六文に被直下候。如何様之品にて御知行に被直下候哉年号等も是又不承伝候。拙者儀山口源之丞次男に御座候処、右九八聟養子仕度段其節之支配頭奥山与市左衛門を以願上候処願之通被成下、以後寛永二十年に右九八病死仕、跡式無御相違拙者被下置旨同廿一年正月廿二日古内伊賀を以被下置候。寛永年中惣御検地之節弐割出目被下置、三貫百四拾六文に被成下候。御黒印頂戴仕候。拙者儀幼少之節家督相続仕候故委細之儀不奉存候。承伝之通有増に申上候。以上

延宝五年四月十六日

29 渡部利兵衛

一 拙者親渡部利右衛門、御給主組御奉公仕候処、大泉加右衛門次男勘太郎聟苗跡相立、右組付之進退相譲、利右衛門儀無足にて、笹町但馬手前御米御用廿六ケ年相勤候内、義山様御代慶安弐年に野谷地致拝領候。起目新田壱貫百廿七文、同年十二月廿九日に山口内記を以被下置候。明暦三年右野谷地起残開発仕候新田起目弐貫拾九文右同人を以明暦三年六月十日被下置、都合三貫百四拾六文之高被成下候。親利右衛門儀隠居願申上候処、願之通被仰付、拙者引続跡式無御相違被下置旨、古内志摩を以寛文九年十二月四日に被仰渡候。当時拙者知行高三貫百四拾六文に御座候。御黒印頂戴仕候。以上

延宝五年正月廿一日

30　森喜兵衛

一　拙者父同氏右馬助儀伊達より御国替之節御当地へ罷越進退願申上候処、貞山様御代河内殿へ被相付御奉公仕候。先祖於伊達御奉公候由候得共、誰様御代拙者先祖何代已前被召出御知行等何程被下置候哉、幼少之砌右之右馬助河内殿御遠行付追腹仕候故、品々不承伝候。拙者儀右馬助次男に候処、万治三年二月小石川御普請に付於御国元、従綱宗様富塚内蔵丞に諸事御用被仰付、物書両人被相付候節拙者儀被召出、御切米弐両・四人御扶持方被下置御奉公申上、

御当代罷成寛文三年十一月五日柴田外記を以御加増被成下五両七人御扶持方に罷成、其後伊達上野殿野谷地新田百八拾町、寛文六年被御申受候内三町余被下、起目御竿入高三貫百拾四文之所、片倉小十郎於江戸遂披露御前相済候段、同十弐年正月廿五日柴田中務・古内志摩被申渡、御黒印頂戴仕候に付、御知行三貫百拾四文・御切米五両・七人御扶持方拝領仕候。御番所御次之間被仰付相勤申候。惣筋目は当時御切米御扶持方にて此度書上不仕候間、先祖之儀拙者申上候。以上

延宝四年十二月十一日

31　和地休作

一　拙者先祖米沢御譜代之由承伝候得共、誰様御代先祖誰を初て被召出候哉、祖父以前之儀相知不申候。祖父和地縫殿於米沢片籠村に御知行被下置由承伝候

得共知行高等不承伝候。
貞山様御代右縫殿佐沼御陣にて討死仕候由承伝候。
御同代右縫殿跡式被相立可被下置旨為御意茂庭石見に被仰付候。実子無御座候故拙父休作右縫殿甥に御座候付為苗跡被召出、御切米六切四人御扶持方被下置、其已後畑中左衛門拝領仕候野谷地之内壱町五反申請自分にて開発仕、壱貫五百文寛永三年に茂庭左月を以拝領仕、同年に右御切米御扶持方も右左月を以御知行に直被下候。如何様之品を以直被下置候哉其段は不承伝候。然処御半役上兼申に付寛永拾年に右之内壱貫文差上、残弐貫五百文・惣検地出目五百文、合三貫文に
義山様御代に被成下、御奉公相勤申候。右休作明暦弐年八月病死仕候。同年十二月十七日家督無御相違茂庭周防を以拙者被下置候。右知行所切添九拾九文御座候。
御当代に延宝元十月廿八日大条監物を以被下置、拙者御知行三貫九拾九文に御座候。以上
延宝五年二月十三日

32　須田茂右衛門

一　拙者儀須田彦左衛門三男に御座候。山口内記手前物書御用に被召出、慶安元年六月御切米金子弐両・四人御扶持方被下内記死去仕候已後、富塚内蔵丞手前物書御用相足申候。承応弐年に御切米三両・三人御扶持方御加増被下置、合御切米五両・七人御扶持方に被成下候。寛文六年に伊沢郡之内宇和野村之内にて、野谷地百五拾町伊達上野殿被御申受候内、拙者に三町壱反分被下度旨、出入司衆迄被仰達相済起立、高三貫六拾九文之所於江戸に片倉

小十郎・茂庭周防被申上被下置候段、寛文十弐年正月廿五日古内志摩・柴田中務被申渡御黒印頂戴仕候。以上
延宝五年二月十八日

33　大越平左衛門

一　私祖父大越内記儀、田村浪人にて伊達河内殿へ御奉公仕候。内記死去仕実子大越平左衛門引続御奉公仕、河内殿御遠行已後、義山様へ被召出、寛永廿一年に佐々若狭を以、御知行三貫五拾八文被下置候。然処に平左衛門隠居被仰付、実子拙者に寛文五年七月廿八日に、原田甲斐を以家督無御相違被下置候。先祖之儀は承伝を以申上候。以上
延宝五年正月廿九日

34　漆山平左衛門

一　拙者曽祖父漆山対馬儀
貞山様御代被召出、御知行二拾九貫三百六拾文被下置御奉公仕、大御検地之節二割出目被下置、三拾六貫七百文に被成下、御小人奉行被仰付、年久御奉公仕候。右対馬嫡子覚兵衛儀病人にて御奉公相勤兼罷有候。然処女子壱人持申候付、桑島伯耆次男拙父左兵衛に取合壻苗跡仕、家督相立申度旨奉願候処右願之通被仰付候。右対馬儀老躰にて御奉公相勤兼申に付、右左兵衛明暦元年より御番代為仕名改被仰付覚右衛門に被成下候。万治弐年不行跡之儀御座候て、右御知行被召上候。且又右対馬年久御奉公仕候功を被仰立、対馬残命中御知行五貫文被下置候。対

馬儀万治三年七月十五日病死仕候付て、右五貫文之御知行被召上候。其已後拙者伯父桑島休助伊貢郡藤田村にて新田三貫四拾壱文之所寛文三年に開起仕、右之地拙者に被下置漆山之名跡被立下度由、御当代右休助願申上候処、寛文六年九月廿五日右新田起目三貫四拾壱文之所拙者に被下置之由柴田外記を以被仰渡候。右之地悪地にて物成所務不仕御奉公相務兼申段、寛文十弐年九月親類共訴訟申上候処、為御加増御切米弐両・十人御扶持方同年十一月廿六日古内志摩を以被下置候。当時拙者御知行高三貫四拾壱文御切米弐両・十人御扶持方に御座候。以上

延宝五年三月廿七日

35

御歩小性
阿部休兵衛

一 拙者曽祖父阿部平右衛門と申者、伊達にて御奉公仕候由承及候。誰様御代被召出進退何程被下置候哉、如何様之御奉公仕候も承伝無御座候。貞山様御代右平右衛門儀如何様之品にて御座候哉、進退被召上候。依之嫡子休兵衛悴より無足にて罷有候処、貞山様御代慶長八年に御歩小性組被召出、御切米壱両・御扶持方四人分被下置御奉公仕候。誰を以被召出候哉亦承伝無御座候。大坂両度之御陣へも御供仕候。以後黒船御作立被遊候御用被仰付両年相勤申、其已後御村方御用相足罷有候処、義山様御代柴田之内御鳥見御用被仰付致勤事候。寛永拾九年野谷地拝領仕、正保二年御竿被相入、高壱貫九百五拾文之所同三年六月廿三日真山刑部・和田因幡・山口内記を以被下置候。然処右休兵衛歳罷寄御奉公不罷成候付、

品川様御代隠居願申上候処、願之通隠居被仰付、嫡子拙父彦市に跡式知行・御切米・御扶持方之通、無御相違万治元年に被下置候。但拙者幼少に御座候故、誰を以被仰付候哉承知不仕候。其節彦市改名被仰付、休兵衛に罷成候。引続右御鷹場御鳥見御用相勤罷有候処、
御当代寛文十年に右休兵衛病死仕候付、家督無御相違拙者に被下置候旨、寛文十年十月朔日柴田外記被申渡候。且又知行所切添起目寛文十二年御竿被相入、高壱貫六拾三文之所被下置旨、延宝元年十月廿九日大条監物被申渡、御本地取合高三貫拾三文并御切米壱両・四人御扶持方に御座候。以上

延宝七年四月十四日

36　黒沢九平太

一　黒沢豊前儀、拙者親磯田作右衛門母方之曽祖父御座候。右豊前儀葛西之者に御座候処、
貞山様御代被召出、御知行五拾貫拾壱文被下置御奉公仕候処、嫡子六蔵娘壱人有之死去仕候。其外男子依無御座、黒沢浄隠儀其節塩沢内記子共にて正六と申候を、右六蔵娘に取合聟養子被成下度由、
御同代中島監物を以申上候処、願之通被仰付由右監物を以被仰渡由に御座候。年号相知不申候。其後豊前病気差重申候砌、右正六儀実子にも無御座候、養子之儀御座候処、五拾貫文余之御知行被下置候様にと申上儀、御恩重奉存候間、三拾貫文正六に被下置、弐拾貫文余は差上申度由、追て監物を以申上候処、左候はば願之通可被仰付候。豊前相果候はば拾五貫文は被召上、五貫拾壱文文所は豊前女共に後家分に被下置旨被仰渡候由申伝候。年号相知不申候。豊前相果其已後家存生之内私相果申候はば、磯田作右衛門弟同苗六左衛門儀孫に御座候間跡式被下置度

旨、

御同代右監物を以後家願申上候処、願之通被仰付、磯田名字相改黒沢に被成下、御国御番仕候。是亦年号相知不申候。

義山様御代惣御検地之砌右五貫拾壱文之弐割出被下置、六貫拾三文に被成下御黒印所持仕候。然処六左衛門儀慶安五年六月六日病死仕実子無之付て、拙者兄五郎助養子に仕差置候間跡式被下置度旨、

御同代同五年に津田豊前を以申上候処、無御相違被下置候由、右豊前を以同六年被仰渡御黒印奉頂戴候。右五郎助儀寛文九年七月三日病死仕候。悴之儀御座候故実子無御座候条、拙者に跡式被下置度旨

御当代古内志摩を以申上候処、弟之儀候間右知行高半分を以名跡に被立下之由、右志摩を以同年閏十月十一日に被仰付、三貫七文之御黒印頂戴所持仕候。以上

延宝八年正月廿九日

侍衆
御知行被下置御帳（五十三）三貫文

1　相原九右衛門

一　拙者伯父尾崎内蔵助儀、御知行高拾弐貫九百文被下置、御鷹師御奉公相勤申候処、男子持不申付、拙者を聟養子に仕末々跡式被下置度旨、義山様御代田中勘左衛門を以申上候得ば、奉願候通被仰付候。其以後実子当内蔵助出生仕候付、伯父内蔵助奉願候は右御知行高之内三貫文養子拙者被分下度旨申上候処、正保二年十二月二日田中勘左衛門・永島源左衛門を以奉願候通被仰渡、三貫文之御黒印頂戴仕、御広間御番所被仰付。拙者親尾崎三河二男にて相原五郎作と申岩城に御奉公仕候以後。浪人仕御当地へ罷越、兄内蔵助所に罷在病死仕候。親相原を名乗申に付、拙者名字改相原被成下度旨、義山様御代山口内記を以申上候得ば、奉願候通右内記を以相原に被成下候。先祖之儀は委細尾崎内蔵助可申上候。以上

延宝五年五月三日

2　福地多兵衛

一貞山様御代親福地多兵衛御歩小性組にて、御切米五切・四人御扶持方被下置御奉公仕罷在候処、
義山様御代寛永十六年に蒙御勘当進退被召上候処、慶安元年五月於松島
貞山様法事に付て、浪人数多御勘当御免被成下候。其砌親多兵衛可召出由被仰付候付、茂庭周防方へ申上候は親多兵衛其年之二月相果申候由申上候。其後慶安三年二月於御城周防を以親太《ママ》兵衛相果申候ば、其身に懸地御知行所三貫文被下置候由被仰付候。慶安三年三月十六日御黒印頂戴仕候。承応二年より御国御番被仰付相勤申候。以上

延宝四年十二月十七日

3　御歩小性 瀬戸弥兵衛

一義山様御代寛永十六年同名長門聟に罷成、右長門儀御歩小性組にて御奉公相勤申に付、知行高七貫四百七拾四文之内三貫文之所拙者に被分下置、御歩小性組之御奉公為相勤申度旨、右長門願指上申候処、慶安三年三月十六日古内主膳を以願之通被仰付、御歩小性組之御奉公相勤申候。右長門儀被召出候旨趣は、同名作右衛門方より委細可申上候。以上

延宝四年十二月十三日

4 田中金右衛門

一　拙者伯父田中金右衛門先祖白川譜代に御座候。慶長十五年貞山様へ牧野大蔵を以被召出、御目見仕御奉公申上候。寛永二年霜月廿三日中島監物を以御知行拾壹貫五百九拾文之所拝領仕、同廿一年惣御検地にて二割出目共拾三貫九百文之高に被成下、義山様御代迄御奉公相勤申候処、慶安四年三月廿七日金右衛門病死仕、実子無之付右之御知行被召上、金右衛門後家に三貫文、後家一代被下置処、田中之名跡相続仕度由後家願之儀申上候付、拙者儀は金右衛門甥に御座候、茂庭周防御披露を以、明暦二年三月十九日義山様御前相済、同廿三日御目見仕、御国御番相勤寛文七年後家継目之儀茂庭周防を以申上候得ば、同八年三月廿三日右後家分三貫文之所無御相違古内志摩を以被下置候。以上

延宝五年二月十六日

5 鹿又市右衛門

一　亡父鹿又大蔵儀田村浪人御座候処、茂庭了庵を以被召出御知行拾五貫文被下置、柴田御足軽衆被預置候由承伝申候。何時如何様之品を以被召出候哉、申伝も無御座候故存知不申候。右大蔵年老御奉公不罷成、嫡子惣九郎は早世仕候付、惣九郎娘は孫御座候故山路筑後二男山路清右衛門御取合家督に被成下度由、元和元年に了庵を以願上申候処、無御相違家督被成下由承伝申候。其砌拙者は二歳罷成候故、清右衛門家督申合候時分、右知行高之内三貫文二歳之長四郎成人申候はば分渡申様にと書物首尾仕候て指置、元和五年四月廿八日大蔵病死仕候由承申候。

右之品々
義山様御代同名清右衛門方より茂庭周防を以遂披露、明暦三年極月十五日三貫文之所被分下旨被仰渡、則古内志摩御番組御番所中之間にて相勤申候。以上

延宝五年三月八日

6 氏家長左衛門

一 拙者祖父氏家民部と申者、大崎譜代御座候処、大崎没落以後親徳右衛門迄浪人にて相果申候。拙者儀、義山様御代正保元年森田隠岐手前御不断組御奉公被召出、御切米壱両・三人御扶持方被下置候。明暦元年本栗原之内小林村にて、野谷地新田鹿又五郎右衛門を以申上、山口内記・真山刑部御取次を以高壱貫四拾九文之所拝領仕、御切米御扶持方持添にて、慶安二年より御普請方上廻御用年久相勤申付、小島加右衛門申上、明暦四年山口記・真山刑部御取次を以右御不断組御免被成下、
御当代寛文元年内馬場蔵人・木村久馬・和田織部・鴇田次右衛門申上、奥山大学御取次を以右御切米御扶持方御知行被成下、玉造之内下野目村にて、高壱貫九百五拾壱文被直下取合三貫文之高罷成御黒印頂戴仕候。慶安二年より当年迄弐拾九ヶ年引続、於于今胆沢江刺中御普請方上廻御用相勤申候。以上

延宝五年正月廿八日

7 大須賀友碩

一義山様御代明暦元年拙者兄大須賀平右衛門野谷地新田九町七反歩拝領仕候。依之右之新田起目之分、綱宗様御代万治二年御竿被相入起目高七百弐拾九文罷成候付、右平右衛門申上候は、拙者儀無足にて取立可申様無御座無拠奉存、右起目之通被下置医師を以御奉公為仕度由願之段申上候処、万治三年二月十日茂庭周防・富塚内蔵丞を以被下置、外弐貫弐百七拾壱文右申請候野谷地九町七反歩之内に御座候付其品申上候得ば、御当代寛文二年五月六日に奥山大学を以被下置、弐口取合高三貫文之所拝領仕御黒印頂戴御次外科御奉公仕候。以上

延宝五年正月廿九日

8　石森十右衛門

一拙者親石森小右衛門、知行高八貫四拾五文之内五貫四拾五文は嫡子石森喜右衛門被下置家督被仰付、残三貫文之所拙者に被分下度段右小右衛門奉願候処、内馬場蔵人・和田織部・鴇田次右衛門を以寛文四年三月廿二日如願被仰付、三貫文御黒印頂戴仕候。委細は兄喜右衛門申上候条、拙者は具不申上候。以上

延宝五年二月四日

9　氏家六右衛門

一拙者親氏家六郎兵衛儀隠居願申上候節、知行高拾弐貫百三文之内三貫文拙者に被分下置度之旨奉願候処、願之通被成下段寛文五年五月十五日茂庭中周防を以被仰渡御黒印頂戴仕候。先祖之儀は惣領筋目同氏市十郎方より可申

上候。以上
延宝七年十月六日

10 寺島戸兵衛

一 拙者先祖伊達御譜代之由候得共、
誰様之御代何様之品を以被召出候哉不承伝候。祖父寺島将監儀は、
貞山様御代知行四貫九拾八文之所被下置、御奉公仕候由御座候。然処慶安三年三月十一日将監儀病死仕、同子十三
郎跡式無御相違山口内記を以同年四月廿五日に被仰付御番等相勤申候処、十三郎儀寛文七年三月七日病死仕、実
子無之付、拙者儀阿部三右衛門二男にて十三郎甥に御座候付親類共名跡奉願候処、御知行高四貫九拾八文之内三
貫文を以十三郎跡式被仰付旨寛文七年十二月廿二日柴田外記被申渡、御番所不相替御次之間被仰付相勤申候。当
時御知行高三貫文に御座候。祖父代より之御黒印共所持仕候。以上
延宝五年五月四日

11 黒田七郎

一 私父黒田九左衛門儀、御名懸組黒田次郎右衛門二男御座候処、
貞山様御代寛永元年、御歩行組被召出、御切米御扶持方被下置拾二ケ年御奉公相勤申候内、度々御加増被下置、三
両四人分被成下候。誰を以被召出、御切米御扶持方何程被下置候勿論御加増被成下候員数・年号・御申次も不承覚

候。

義山様御代御歩行組御免被成下、御蔵方御横目被仰付候。御切米壱両御加増被下置、四両四人分に被成下候。何年誰を以右御加増被下置候哉、拙者幼少之節故不承置候。

御当代迄引続右御奉公無懈怠相勤申に付、寛文二年五月廿六日奥山大学を以、御切米壱両・御扶持方壱人分御加増被下置、取合五両五人分被成下候。数年引続毎日詰之御奉公首尾能相勤申由にて、右御切米・御扶持方地形被直下、高五貫百七文之所寛文四年三月廿二日大条監物・茂庭周防を以被下置御黒印奉頂戴候。

貞山様御代より引続四十三年御奉公致勤仕、老衰仕候間、御役目御免被成下度旨奉願候処、寛文六年十月三日右役目御免被成下、同七年隠居願申上候処、願之通被仰付、跡式無御相違同年五月三日古内志摩を以嫡子同氏五郎八に被下置候。然処五郎八儀同年九月病死仕家督之子無之候付、拙者儀二男御座候処病人にて不行歩に候得共御慈悲を以右五郎八跡式拙者被下置度由、父九左衛門奉願候処、右御知行高五貫百七文之内弐貫百七文被召上、残三貫文之所寛文八年八月十一日柴田外記を以、拙者被下置候。拙者儀病人不歩行御座候付、菊地九兵衛二男六之助拙者甥御座候条養子に被仰付、御番代為仕度旨、寛文十二年奉願候キ。願之通被仰付、当時右六之助に御番代為相勤申候。以上
延宝七年四月十一日

12　藤間九助

一　拙者儀藤間甚九郎親類御座候付て、右甚九郎二番目娘に取合聟仕甚九郎御知行高七貫九百三拾三文之内三貫文之

所拙者被分下、藤間之名字被仰付被下度旨、
御当代寛文九年四月柴田外記・古内志摩を以右甚九郎願上申候処、同年七月二日右願之通被成下之由柴田外記を以
被仰渡、御国御番引続相勤申候。拙者知行高三貫文御座候。勿論
御当代御黒印頂戴仕候。以上
延宝五年正月廿八日

13 樋口九兵衛

一 拙者先祖伊達御譜代之由承伝申候。祖父已前
誰様御代被召出御知行何程被下置候哉不承伝候。養祖父樋口文六儀男子持不申に付、拙者伯父長左衛門聟名跡罷成、
右文六跡式御知行三貫六百弐拾壱文、
義山様御代寛永廿一年八月十四日中島監物を以無御相違被下置候処、長左衛門三十一歳にて病死仕候。実子無御座
付て拙者儀は長左衛門甥に御座候。死後養子に仕度段親類共願差上申候処、跡式右高之内六百弐拾壱文被召上、
残高三貫文
御当代寛文九年十二月九日柴田外記・古内志摩を以拙者に被下置三貫文之御黒印頂戴仕候。以上
延宝五年三月廿五日

14 八島安之丞

一　拙者先祖
誰様御代被召出御知行何程被下置候哉承伝不申候。
義山様御代拙者伯父八島太郎八、御知行拾五貫七百六拾六文被下置御奉公仕候処、病人御座候て御番等も勤兼申付、黒沢理右衛門二男孫次郎を右太郎八娘に取合、聟名跡に仕度段願申上候処、願之通寛文九年五月三日古内志摩を以被仰付候処、太郎八寛文九年病死仕跡式無御相違拾五貫七百六拾六文之所、右孫次郎同年十月廿二日古内志摩を以被下置候。孫次郎儀改名半兵衛と被仰付候。然処半兵衛儀寛文十二年病死仕実子無御座候付て、拙者儀宮崎隼人二男御座候て、右半兵衛従弟御座候間、御慈悲を以名跡被立下度段親類共願上申候処、御減少を以御知行三貫文、寛文十二年十一月十九日古内志摩を以、拙者被下置候。御黒印は于今頂戴不仕候。以上
延宝五年四月十三日

15　山崎藤内

一　拙者儀先山崎藤兵衛三男御座候。無進退にて罷在候処、兄同氏藤兵衛被下置候御知行三拾六貫文之内三貫文拙者被分下度由申上候付て、如願之被成下旨寛文九年十月十四日古内志摩を以被仰渡、御国御番相勤申候。委細は右藤兵衛可申上候。以上
延宝五年二月九日

16　真山権之丞

一　拙者曽祖父真山伊賀儀は、伊達御譜代御座候由申伝候得共、御奉公之品御知行高之儀は不承伝候。嫡子太郎兵衛儀は、
貞山様御代御知行七貫七百三拾八文被下置御納戸御奉公仕候処、
義山様御代慶安二年四月廿八日病死仕候。跡式無御相違嫡子又蔵被下置旨成田木工を以被仰渡候。右又蔵改名仕太郎兵衛罷成、
御当代寛文十二年迄御奉公相勤同年八月十五日病死仕候処、実子無御座候付て、拙者儀は太郎兵衛甥御座候付、跡式被下置候様願申上候得ば、右御知行高之内四貫七百三拾八文は被召上、三貫文之所被下置旨同年十二月廿一日古内志摩を以被仰渡候。御黒印は于今頂戴不仕候。以上

延宝五年正月十六日

17　平市兵衛

一　誰様御代拙者先祖誰を初て被食出候哉、祖父已前之儀は不承伝候。祖父同氏孫右衛門儀は、
貞山様御代御知行三貫六百文被下置御奉公仕候。右孫右衛門
御同代隠居仕三貫六百文嫡子同氏吉左衛門に、家督無御相違被下置候。年号・御申次は承伝不申候。
御同代右吉左衛門に為御加増、金四切と銀拾弐匁・四人御扶持方茂庭古周防を以拝領仕候。右御切米・御扶持方御加増如何様之品を以被下置候哉、年号等も不承伝候。
義山様御代御検地之節二割出を以四貫三百弐拾壱文被成下候由承伝候。

御当代寛文元年惣侍衆御切米御扶持方御知行被直下置候節、同氏吉左衛門に被下置御切米四切銀拾弐匁・四人御扶持方、御知行弐貫四百八拾六文被直下、都合六貫八百七文高被成下之由承伝申候。然処同氏吉左衛門嫡子喜兵衛儀

綱宗様御代虎之間御小性に、万治三年三月十五日和田半之助を以被召出、御切米三両・御扶持方四人分被下置、江戸御番相勤、其以後御国御番被仰付候。

御当代寛文七年八月廿六日同氏吉左衛門願申上、吉左衛門に被下置候御知行六貫八百七文之所同氏喜兵衛被下置、右喜兵衛被下置候御切米三両・四人御扶持方は、吉左衛門被下置度段申上候処、願之通被成下旨寛文七年十二月四日古内志摩被申渡候。

御当代同氏吉左衛門願申上、私儀樋渡二兵衛甥御座候処、家督仕度由寛文八年七月五日申上候処、願之通被成下旨原田甲斐被申渡候。然処私儀大条監物へ首尾御座付て、右監物新田之内三貫文同氏吉左衛門に被分下度段、監物願申上候処、寛文十三年六月十八日右三貫文之御知行・御切米・御扶持方被指添右吉左衛門被下置段小梁川修理被申渡候。右御黒印は頂戴不仕候。御書替被下置候。同氏吉左衛門儀当四月八日病死仕候付、御番頭福原主税を以願申上候処、跡式無御相違拙者被下置候旨、延宝七年六月廿三日黒木上野を以被仰渡候。当時知行高三貫文・御切米三両・四人御扶持方御座候。以上

延宝七年六月廿八日

18　松浦加右衛門

一　拙者実父松浦主殿儀、御知行高五貫文被下置、貞山様御代御国御番相勤申候。先祖誰様御代より御奉公申上候哉不承伝候。伊達河内殿へ被相付御小性頭被仰付候。寛永九年主殿病死仕候付、右御知行則河内殿より拙者被下置候。河内殿御死去以後、義山様御代拙者被召出、桃生郡中津山村にて、右高五貫文之内四分一は上納、苗代目壱貫弐百五拾文四分三は野谷地三町五反三歩寛永十五年古内主膳を以被下置候処、拙者幼少御座候故、右野谷地其年三ヶ一程起申候処、翌年より新田鍬先次第と被仰付候付、右起残之野谷地御蔵御百姓に被起取申候。寛永十八年御検地之節御竿相入、高弐貫七百九拾七文、寛永廿一年八月十四日津田豊前を以被下置、中之間御番被仰付候。且又桃生郡樫崎村にて、茂木四郎左衛門畑新田被下置、起目七百三拾八文之内弐百三文親類御座候間拙者被分下度旨、右四郎左衛門奉願候処、願之通被分下旨寛文十二年正月廿五日柴田中務被申渡、都合高三貫文被下置御黒印頂戴仕候。以上

延宝七年三月廿七日

19　御歩小性　塩沢又右衛門

一　拙者養曽祖父塩沢内記米沢譜代御座候。御国替之時分御供仕、御当地へ罷下候。右内記貞山様御代湯村信濃を以御召出、御知行六貫文被下置、御船奉行仕候所、不調法之儀御座候付て、右御知行被召上候。祖父塩沢正右衛門

御同代大町駿河を以御歩小性組被召出御切米壱両壱歩銀五匁・四人御扶持方被下置、両度之大坂御陣へも御供仕御

奉公相勤申候。右正右衛門儀、寛永十五年病死、跡式無御相違亡父正左衛門に石毋田筑後を以、同年極月廿五日に被下置候。寛文四年野谷地申請開発、高三貫百七拾壱文同八年八月廿九日原田甲斐を以被下置候。然処正左衛門実弟同名権内に右御知行相譲申度段奉願候処、願之通被成下旨、同十年二月廿三日原田甲斐を以右権内被下置候。正左衛門実子持不申候付拙者儀白石源左衛門二男御座候付、正左衛門従弟御座候間養子仕度段寛文九年に願申上候処、願之通被成下旨、同十年二月廿三日原田甲斐を以被仰付候。拙者実父白石源左衛門知行高之内三貫文、正左衛門に被分下度段、寛文十二年奉願候処、願之通被成下旨、同年三月廿八日古内志摩を以被下置候。父正左衛門延宝三年隠居願申上候処、願之通被仰付、跡式無御相違拙者被下置候旨、同三年閏四月五日柴田中務を以被仰渡候。当時拙者進退御切米壱両壱歩銀五匁・四人御扶持方知行三貫文御座候。御黒印は于今頂戴不仕候。以上

延宝五年二月十三日

20　片倉源兵衛

一　拙者儀樋口源左衛門二男御座候。

義山様御代御小性衆之間にて御奉公仕、源左衛門本名片倉御座候間片倉被成下度旨申上、片倉に罷成候。御切米三両・四人御扶持方被下置、御奉公相勤申候。然処拙者儀男子持不申候付、浜田小左衛門弟半之丞拙者娘に取合小左衛門知行高之内三貫文被分下、末々拙者家督被成下度由、願覚書を以申上候処、寛文十二年三月廿八日右願之通被仰付被下候旨、古内志摩を以被仰付候条、拙者進退御知行三貫文、御切米三両・四人御扶持方被下置、御知行御黒印頂戴仕候。右之品々古内志摩・柴田中務書付御蔵被相留、御書替拙者手前へ申請候。右半之丞儀延宝三

年五月六日病死仕候付、浜田小左衛門伯父浜田伊右衛門二男又八拙者娘に取合、末々拙者家督被成下度由、願覚書を以申上候処、願之通被仰付被下旨、柴田中務被申渡候。以上

延宝五年二月十一日

21 鹿又助右衛門

一 拙者親鹿又弥五衛門伊達御譜代

貞山様御代古田伊豆を以被召出、御知行三貫文被下置御奉公仕候。

義山様御代寛永十三年気仙郡御代官役目被仰付、其砌品御座候て右弥五右衛門切腹被仰付、拙者儀は他国御追放被仰付候。然処

義山様御一周忌之砌、於松島御城下御免被成下候。依之延宝二年霜月七日御評定所へ願之覚書差上申候処、大条監物披露之上、御知行三貫文被下置被召出旨、延宝三年正月廿二日柴田中務を以被仰渡、右御知行被下置候。御下書同年二月九日被下置候。先祖之儀は生替にて不承伝候。以上

延宝五年二月五日

22 横尾万次郎

一 私親横尾九郎右衛門、無進退にて罷在候付、九郎右衛門兄横尾九左衛門に被下置御知行高弐拾四貫百文之内三貫文被分下置、御奉公為仕度由、

御当代延宝二年横尾九左衛門方より奉願候処、同三年二月二日柴田中務を以願之通被仰渡候。然処同三年之五月右九郎右衛門病死仕候付、家督拙者無御相違被下置候様奉願候処、願之通柴田中務を以、同三年八月十九日被仰付候。私親先祖之儀横尾九左衛門方より可申上候。以上

延宝四年十二月廿三日

23　只野四郎助

一　拙者祖父只野玄番仙道譜代御座候て蒲生飛驒守殿へ奉公仕候。然処貞山様御代寺島江左衛門と申者其身内之者被切殺、右内之者二人欠落仕候を口惜被召置、方々被相尋候刻、玄番於仙道右内之者二人共搦捕指上申候。御悦喜被召置御下中へ参御奉公可申上旨御意之段大条薩摩を以就被仰付罷越候処、先以御扶持方分御知行四貫弐百六拾文被下置之由、御意之趣薩摩被申渡、御国御番并遠島御金山御用其外御代官御用相務寛永十七年病死仕候。跡式之儀実子七兵衛被下置候。同廿一年御分領中御検地之節、二割出之地為御加増御知行高五貫七拾三文被成下由承伝申候。拙者親右七兵衛事御国御番并在々御普請差引黒川郡御代官御用致勤仕、承応二年病死仕候。然処其節拙者十七歳罷成、病者御座候故御目見不仕候付て、跡式被相禿、数年浪人及餲命申候処、延宝三年孝勝院様御法事之砌右之趣親類共願申上候処、御慈悲を以被召出、御知行三貫文新規被下置之旨、同年三月四日小梁川修理を以被仰付御国御番仕候。右品々拙者若輩御座候故、委細存知不申候得共、承伝を以若是申上候。以上

延宝四年極月十六日

24　横沢正兵衛

一　拙者儀無足にて罷在候処、兄横沢半右衛門御知行高之内三貫文為分取申度旨延宝三年三月右半右衛門奉願候処、願之通同年四月廿二日柴田中務を以被仰渡御次之間御番所被仰付候。右三貫文之御黒印未頂戴仕候。先祖之儀は兄同氏半右衛門方より申上候。以上

延宝五年二月十八日

25　朝倉権六

一　拙者祖父朝倉加左衛門儀、米沢御譜代御座候由承逮候。

義山様御代被召出三人御扶持方被下置候処、寛永廿一年御知行弐貫四百三文御加増被成下、右御扶持方へ被指添被下置候。親同氏久三郎迄相続拝領仕候。然処拙者二歳之節久三郎病死仕付、其節願上候得は幼少故跡式被相禿候。

延宝二年

義山様御法事之砌、親類共願申上候付、延宝三年四月八日御知行三貫文、新規に柴田中務を以被下置、御黒印頂戴仕候。拙者幼少之刻久三郎相果申に付、委細品々存知不申候得共、承伝を以若是申上候。以上

延宝五年正月廿二日

26　吉間左覚

一　拙者親吉間茂左衛門儀白河譜代御座候。

貞山様御代被召出御切米三両・御扶持方六人分被下置候。誰を以被召出候哉不承伝候。

義山様御代右茂左衛門儀明暦二年病死仕、跡式無御相違御切米御扶持方被下置之旨、同年三月廿七日成田木工を以被仰渡候。拙者儀男子持不申候付、大槻斎吉弟吉助聟名跡申合、右斎吉知行高之内三貫文分為取申度段願申上候処、延宝三年二月願之通被成下之旨柴田中務を以被仰渡候。依之私進退高御知行三貫文・御切米三両・御扶持方六人分御座候。御黒印未奉頂戴候。以上

延宝七年七月廿三日

27 岩淵市丞

一 拙者進退御知行高三貫文并御切米五両御扶持方七人分被下置候。
義山様御代正保三年山口内記・和田因幡・真山刑部を以被召出、御切米六切・四人御扶持方被下、御作事方物書役被仰付、万治三年迄相勤申候処、
御当代寛文元年正月奥山大学を以御切米弐切御加増被下、柴田外記手前物書御用被仰付致勤仕候内、同四年御切米三両・三人御扶持方御加増被成下、引続柴田中務手前にて御用相勤申候処、病者罷成、其上進退困窮仕候付同拾三年物書役御免御国御番致勤仕候。右御知行拝領仕候品は、延宝三年六月四日柴田中務知行高之内被分下候。但数年勤身勝手困窮之段、去々年中務方被申立、知行高之内新田起目三貫文私被分下度旨、願被申上、於江戸小梁川修理・大条監物方御披露之上、如願被分下之旨、御当地にて中務被申渡、右御知行拝領仕候。拙者先祖葛西譜代御座候。以上

延宝五年二月廿九日

28 遠藤権助

一 拙者儀遠藤与市郎実二男御座候。正保元年極月十六歳にて、御歩小性組に被召出、御切米六切・四人御扶持方被下置御奉公相勤申候。先祖之儀は兄遠藤覚左衛門委細申上候。遠藤山城親類に付願申上候付て、知行高之内新田三貫文柴田中務を以延宝五年二月十日被分下之旨被仰渡拝領仕候。延宝六年三月廿七日御歩小性組小梁川修理を以被仰渡、御赦免被成下候。拙者御奉公年数当年迄三十八ヶ年相勤申候。以上

延宝七年九月廿三日

29 菱沼四郎助

一 拙者祖父菱沼加右衛門伊達御譜代にて、貞山様御代伊達河内守殿へ被相付御奉公仕候処、河内守殿御遠行已後寛永十七年義山様御代鴇田駿河を以親菱沼四郎助被召出、無足にて御検地御用相勤罷在候処親四郎助正保三年正月六日病死仕候付、久舗無足にて御奉公仕候間少成共御恩賞を以四郎助跡目拙者に被立下度旨、同年二月山口内記を以申上候得ば、御知行三貫百七拾五文之所同年六月廿三日右内記を以被下置御番入被仰付候。然処寛文五年親類菱沼半兵衛跡式願之儀付不調法之儀申上候付、進退被召放候処、延宝三年極月廿六日小梁川修理を以被召出御知行三貫文被下置御番入被仰付候。以上

延宝五年二月六日

30　遊佐左太郎

一　私先祖二本松譜代にて、祖父遊佐伯耆代迄二本松住居仕候。二本松没落以後、右伯耆儀当御地へ罷越一生浪人にて相果申候。拙者父同氏次郎右衛門儀、貞山様御代寛永十二年古内古主膳を以被召出御切米壱両弐歩・四人御扶持方被下置、御台所御賄方御用被仰付致勤仕候。承応三年右御役目御免被成下、御番入被仰付候。御当代寛文二年拙父次郎右衛門病死仕、跡式無御相違同年五月奥山大学を以拙者に被下置候。寛文三年拙者儀御蔵方御賄御用被仰付相勤申候処、首尾好致勤仕之由にて、御加増をも被成下度旨其節之御割奉行衆江戸御国御勘定奉行衆被申上候付、御切米壱両弐歩御加増被下置之由寛文十年六月十日原田甲斐を以被仰付、御切米三両・四人御扶持方被成下候。拙者儀家督之男子無之付、片倉喜右衛門二男次郎八拙者娘に取合聟名跡被成下、其上右喜右衛門知行高之内三貫文拙者に被分下度旨双方願申上候処、願之通被成下之由延宝五年十月三日小梁川修理を以被仰付、当時私進退三貫文と御切米三両・四人御扶持方に御座候。以上

延宝七年九月十三日

31　氏家覚左衛門

一　拙者祖父氏家伝右衛門

貞山様御代御知行三貫九百三拾六文被下置、嫡子伝右衛門代迄は引続右御知行被下置御奉公相勤申候処、右伝右衛門病人付て、拙者聟名跡申立、明暦二年願之通山口内記を以被仰付、引続江戸御国共御奉公相勤申候処、養父伝右衛門寛文六年四月乱心にて相果申に付、跡式被相禿候。十一ヶ年拙者浪人にて罷在候処親類共連判を以及渇命申候品々御訴訟仕候処被召出、御知行三貫文拙者に被下置旨延宝四年二月四日小梁川修理を以被仰付候。拙者儀橋本八郎左衛門弟に御座候て右伝右衛門実子には無御座候。以上

延宝四年十二月十六日

32　奈良坂半兵衛

一　拙者先祖葛西譜代、岩井郡奈良坂村代々持来申候処、高祖父奈良坂源左衛門葛西没落之砌牢人仕罷在候。右源左衛門嫡子惣助儀、

貞山様御代慶長十六年被召出、御知行六貫八百九拾三文被下置候。御取次不承伝。惣助嫡子正三郎儀は、御同代被召出御切米御扶持方被下置御奉公仕候処、惣助儀寛永廿年四月廿七日病死仕候。正三郎儀嫡子之儀御座候間、跡式相続可仕処、病人罷成御奉公勤兼申付て、正三郎子共惣助嫡孫之儀に御座候間、右惣助跡式被下置度由、

義山様御代親類共願申上候処、右同年十月六日鴇田駿河を以、願之通孫惣助に家督被仰付候。寛永十七年惣御検地二割出目、同廿一年被下置、取合八貫弐百五拾三文罷成御黒印頂戴仕候。祖父惣助儀寛文八年九月十二日病死仕候。家督無御相違実嫡子惣助に、寛文八年十二月五日に、原田甲斐を以被下置候。拙者養父惣助儀延宝五年五月廿八日病死仕候付、拙者儀奈良坂市郎左衛門二男右惣助従弟御座候故、親類中願申上、御減少を以五貫弐百五拾

三文被召上三貫文延宝五年九月廿三日小梁川修理を以被下置候。先祖之儀承伝を以若是御座候。以上

延宝七年六月廿九日

33　神山伊兵衛

一　拙者儀神山金左衛門三番目之弟御座候。無進退にて罷在候付て右金左衛門知行高之内三貫文為分取申、御番等被仰付被下置候様延宝四年二月願差上申候処、同年三月廿八日願之通三貫文被分下之旨小梁川修理を以被仰付候。以上

延宝五年二月廿七日

34　但木長右衛門

一　拙者儀但木甚五郎弟御座候。右甚五郎に被下置候御知行高之内三貫文分、拙者に為取申度旨願申上候処、如願之拙者被下置之旨、延宝五年三月廿七日黒木上野を以被仰渡御番所中之間被仰付御番相勤申候。先祖之儀は同氏甚五郎委細申上候。以上

延宝七年七月朔日

35　神山新八

一　拙者儀神山金左衛門四番目之弟に御座候。無進退にて罷在候付、右金左衛門知行高之内三貫文為分取申、御番等

被仰付被下置候様延宝四年二月願差上申候処、同年三月廿八日願之通三貫文被分下之旨小梁川修理を以被仰付候。以上

延宝五年二月廿七日

36 大友三郎兵衛

一 拙者祖父大友平左衛門儀、先祖より貞山様御代迄御奉公仕候由承及候。先祖誰様御代被召出候哉、祖父以前之儀不承伝候。右平左衛門儀御知行被下置、引続御奉公仕候。惣御検地以前之御知行高不承伝候。

義山様御代御検地相通申節二割出共御知行弐拾壱貫六百文之高被成下御国江戸御用共に相勤申付て、慶安三年十月十三日に為御加増御知行八貫四百文、古内古主膳を以被下置、都合三拾貫文之高被成下候。平左衛門儀承応元年六月廿九日於江戸病死仕嫡子九十郎跡式無御相違、同年九月二日右主膳を以被下置候。右九十郎儀寛文七年正月廿五日病死仕子共持不申家督可申立兄弟も無御座候故、大友兵左衛門儀、九十郎甥御座候間、跡式被下置度旨願申上候処、右三拾貫文之内弐拾貫文被召上拾貫文を以九十郎名跡被立下由、御当代寛文七年三月十五日原田甲斐を以被仰付候。然処右兵左衛門儀延宝四年八月八日病死仕、子共持不申家督相立可申兄弟も無御座候故、拙者儀村上清兵衛二男御座候条兵左衛門従弟御座候間跡式被下置度旨、親類共願申上候処、右御知行拾貫文之内七貫文被召上三貫文を以兵左衛門名跡被立下由、同五年二月六日柴田中務を以被仰付

拙者に被下置候。知行高三貫文御座候。以上
延宝五年三月廿六日

37　松坂二右衛門

一　拙者親松坂恵真儀松坂故源右衛門実嫡男に御座候処、右恵真事病人御座候故二男松坂源右衛門に家督申立候。恵真儀無進退にて罷在候処、拙者儀は義山様御代承応三年、三月十日、成田木工を以御歩小性組被召出御切米壱両・四人御扶持方被下置御奉公仕候。寛文三年二月江戸御作事方御横目御用被抑付相勤申内御当代寛文六年十一月十三日於江戸柴田外記を以、為御加増御切米三両被下置、右取合御切米四両・四人御扶持方に被成下候。且又寛文八年十二月三日柴田外記を以御歩小性組被相除被下置之由被仰付候。拙者儀実男持不申候付一迫長太夫実弟源助儀養子に申合、長太夫知行高之内三貫文被分下置度由、延宝六年正月願申上候処、同三月廿七日黒木上野を以右願之通被成下之由被仰付候。当時知行高三貫文・御切米四両・四人御扶持方被成下候。于今御黒印は不奉頂戴候。先祖之儀は松坂源右衛門方より可申上候。以上
延宝七年六月十七日

38　安部伊兵衛

一　拙者先祖

御先代何時被召出御合力何程被下置候哉不承伝候。私養父安部半丞儀御切米拾九切・御扶持方六人分被下置
義山様御代御奉公仕候処男子持不申候付、拙者儀古小関権右衛門実二男御座候を聟名跡
義山様御代奉願被仰付候。御申次・年号覚不申候。養父半之丞病死仕継目被仰付候砌、右進退慶安五年茂庭中周防を以無御相違私に被下置候。拙者儀子共持不申候付、須田八兵衛実三男久右衛門養子仕度段奉願候処、延宝五年二月六日柴田中務を以願之通被仰付候。然処養子久右衛門儀山崎吉右衛門実甥御座候故吉右衛門新田三貫文為分取申度旨申上候得ば、奉願通延宝六年十月十六日黒木上野を以拙者に被仰渡、当時私進退知行三貫文・御切米拾九切・御扶持方六人分御座候。以上

延宝七年七月廿日

39 君ケ袋平助

一 拙者先祖大崎譜代御座候。君ケ袋掃部大崎乱之時分浪人仕出羽山形刑部殿へ進退有付、掃部嫡子同名平左衛門代迄奉公仕候処、山形源五郎殿御代御進退相禿申付浪人仕候。然処平左衛門儀、江戸へ罷登、
義山様御部屋住之時分津田豊前・古内古主膳を以御奉公仕度旨申上候処則被召出、御部屋御知行江刺中御郡代官被仰付、元和元年より寛永十五年迄相勤申候。其節為御合力金子壱両と右御知行・御物成口米被下置御奉公相勤申候。御申次・年号不承伝候。且又江刺郡之内にて切添起目新田八貫五百文之所
義山様御代津田豊前・鴇田駿河を以被下置候。就夫右御合力被成下候金子壱両御物成口米被召上候。年号不承伝候。寛永十七年惣御検地之時分二割出目被下置候て、拾貫弐百文に被成下候。右平左衛門儀寛永十六年より慶安二年

迄二歳駒御用相勤申候。右平左衛門実嫡子同氏加左衛門儀寛永十七年要山様御小性組に被召出、御切米三両・四人御扶持方被下置御奉公相勤申候。御申次は不承伝候。要山様御遠行以後右加左衛門御国御番相勤申候。平左衛門儀年罷寄候付て隠居仕、拾貫二百文之所平左衛門嫡子右加左衛門被下置加左衛門御切米御扶持方加左衛門弟同名五左衛門被下置度旨奉願候処

義山様御代山口内記を以願之通被成下候。年号は不承伝候。右加左衛門儀慶安三年より万治二年迄、石之巻御米御用相勤万治三年より寛文五年迄江戸御大所御賄御用相勤申、御番明江戸より罷下候砌、道中郡山にて落馬仕寛文五年五月三日相果申候。加左衛門実嫡子市之丞に拾貫弐百文之所無御相違、

御当代寛文五年八月十七日、柴田外記を以被下置候。右市之丞儀御小性組御奉公相勤申候処に延宝六年八月三日病死仕候。市之丞嗣子無御座候付拙者儀市之丞に指渡之従弟に御座候付跡式奉願候処、市之丞に被下置候御知行高拾貫弐百文之内三貫文を以名跡拙者に被仰付之旨、延宝七年二月十九日柴田中務を以被仰渡候。以上

延宝七年十月廿九日

侍衆

御知行被下置御牒（五十四）

弐貫九百九十五文より
二貫四百拾壱文まで

1 三瓶伝右衛門

一貞山様御代寛永元年、継父三瓶但馬永沼丹後を以被召出、御切米弐切・御扶持方三人分被下置御奉公仕罷在候。義山様御代但馬年寄御番不罷成候間実子無御座候付、拙者儀和地休作次男に御座候間養子に仕度段奉願候処、願之通慶安四年霜月十日山本勘兵衛を以被仰付候。承応元年十月十三日親但馬病死仕、跡式無御相違拙者に被下置之旨山本勘兵衛を以被仰渡御番仕候処、名取郡根岸村より山田村迄鹿除土手為御築被成候付て、拙者被相付被指置候処、明暦二年八月十五日御加増壱貫三百五十九文、右勘兵衛を以被下置、御奉公仕候。寛文二年惣並を以右之御切米御扶持方御知行壱貫六百三十六文に被直下、右之御加増合二貫九百九十五文に御座候。以上

延宝五年二月廿九日

2 山路権兵衛

一　拙者先祖伊達御譜代之由承伝候。
誰様御代拙者先祖被召出候哉、其段は不奉存候。
稙宗様へ拙者高祖父山路次郎右衛門御奉公申上伊達郡飯野と申所拝領仕候由申伝候。
晴宗様御代品御座候て進退断絶仕候。高祖父右次郎右衛門儀も牢人にて二代伊達郡に罷在候。其以後
貞山様御代寛永七年九月、拙者親山路茂右衛門儀御切米壱両・御扶持方三人分被下置、笹岡与兵衛・伊藤対馬手前
御不断組に被召出、同八年三月より御作事方御用相足、同拾六年十月より御本穀受取申御用相勤申候。
義山様御代寛永廿年三月十六日武田五郎左衛門・和田因幡を以、宮城郡於本郷野谷地拝領仕自分致開発此起目新田
二貫六百三十弐文之所被下置、組御免被成下候様にと山口内記を以申上候処、正保三年六月廿三日願之通被仰付、
右之高被下置御切米御扶持方は被召上御国御番相勤申候。
綱宗様御代右新田切添三百拾三文同郡之内加瀬郷にて野山拝領仕自分開発、新畑高十三文之所切添新田合三百弐十
六文拝領仕度由、奥山大学を以願上申候所、万治三年三月六日に願之通被成下惣高合二貫九百五十八文御座候。
寛文九年迄引続右之御奉公相勤申候。老衰仕御奉公不罷成候付て
御当代に罷成小梁川修理を以隠居之儀奉願候処、延宝二年十一月十三日実子勘五郎に御知行無御相違被下置家督被
仰付、御国御番相勤申候処、右勘五郎同六年七月廿五日乱心自害仕に付、親茂右衛門に進退被返下置度旨奉願候
得ば、同年極月六日黒木上野を以願之通被成下、御知行二貫九百五十八文被下置候。茂右衛門儀老衰仕御番等相
勤兼申に付、拙者同氏善左衛門長子に御座候て、茂右衛門甥に付て養子に奉願候所、無御相違拙者に被下置之由
延宝七年七月廿一日黒木上野を以被仰渡右之御知行高之通拝領仕候。以上

延宝七年十月十四日

3 本田市兵衛

一 私実父本田五郎右衛門儀御名懸組之御奉公仕候。拙者儀右五郎右衛門嫡子に御座候得共、万治三年に富塚内蔵丞を以御割衆に被召出、御切米壱両・四人御扶持方被下置候。右御名懸之跡式は次男拙弟五左衛門に被下置候。拙者儀御番牒にも則相付申候。其上内馬場蔵人出入司御役目之砌、寛文二年より同人手前物書御用被仰付、依之御切米壱両御加増拝領仕弐両四人御扶持方に被成下候。同六年為御加増御切米壱両・三人御扶持方被下合三両七人御扶持方に罷成、同十年迄九ヶ年右御用相勤申候。同八年に野谷地五町歩拝領仕、自分入料を以開発高二貫九百二十八文之内二貫六百三十三文は、延宝五年三月柴田中務御申次、同二百九十五文は同六年五月黒木上野御申次にて、両年に被下置候。御黒印は于今頂戴不仕候。都合進退御切米三両・七人御扶持方并御知行二貫九百二十八文に御座候。以上

延宝七年六月十三日

4 八島伊左衛門

一 拙者先祖
誰様御代誰を以被召出候哉其段は承伝無御座候。拙者祖父八島与左衛門儀、
貞山様御代御切米御扶持方被下置御奉公仕罷在候由御座候。右御切米・御扶持方何年誰を以被下置候哉其段は承伝

不申候。尤御切米御扶持方之高も相知不申候。其後野谷地被下置開発仕以後御竿相入、高三貫九百五十六文之所被下置、御奉公仕罷在候由承伝申候。年号誰を以被下置候哉承伝無御座候。右与左衛門儀寛永三年閏四月六日に病死仕候。右知行高之通無御相違父加左衛門
貞山様御代蟻坂善兵衛を以被下置由に御座候。年号は相知不申候。然処御下中より知行三ケ二宛御借分に被召上候節、右加左衛門知行も三ケ二被召上、残壱貫三百四十弐文之所被下置御奉公相勤罷在候。其以後寛永廿一年之御検地之時分右壱貫三百四十二文へ二割出目被下置壱貫六百二文にて罷在候。右三ケ二之知行被返下度旨加左衛門訴訟申上度奉存内病人罷成、十ケ年計引込罷在、慶安四年六月廿六日病死仕候故、右之願不申上候由承伝候。仍加左衛門跡式実子拙者に被下度旨奉願候処、
義山様御代右知行高壱貫六百二文之所、慶安五年に氏家主水を以被下置、御黒印頂戴仕候。拙者儀宮城郡岩切村除屋敷一軒、祖父代より拝領仕罷在候キ。小進に御座候間御竿被相入、知行高に被成下度旨奉願候処、如願被仰付、御竿入高壱貫三百三十五文之所、延宝六年四月廿五日黒木上野を以被下置、本地取合二貫九百三十七文之所、当時拝領仕罷在候。拙者儀幼少之時分父加左衛門死去仕候故委細之儀承置不申候。以上

延宝七年四月五日

5　御歩小性　安原加左衛門

一　拙者祖父安原甚右衛門儀田村御譜代に御座候付、親同氏正右衛門儀慶長十九年御当地へ罷越候処
貞山様御代御歩小性組に牧野大蔵を以被召出、御切米壱両・四人御扶持方被下置候。年号覚不申候。

義山様御代野谷地申請、自分にて起立高三貫三百七十九文承応三年四月十五日山口内記・真山刑部を以被下置候処、右御知行は嫡子同氏伝兵衛に被下置度旨奉願候処、願之通寛文元年九月廿二日奥山大学を以被分下候。右正右衛門隠居之願申上候処願之通被仰付、跡式御切米壱両・四人御扶持方次男拙者に被下置候由、寛文二年十月早川勘解由を以被仰渡候。其後野谷地拝領仕、自分にて起立高二貫八百七十七文之所、延宝三年十月廿三日柴田中務を以被仰渡拝領仕、当時拙者進退二貫八百七十七文御切米壱両・四人御扶持方に御座候。以上

延宝七年九月十一日

6

御歩小性 小沢覚右衛門

一 拙者祖父小沢筑後儀

貞山様御代被召出、御知行壱貫七百十七文被下置、御歩小性組御奉公仕候。右筑後義山様御代寛文廿一年相果申候付山口内記を以披露之上、拙者親覚右衛門に跡式無御相違被下置御奉公仕候。御同代同廿一年惣御検地御知行御割之時分、二割出目被下置二貫六十文に被成下候。御同代明暦元年野谷地壱町拝領仕、起目高七百八十四文右高へ取合二貫八百四十四文被成下、右御奉公仕候。其節誰を以被仰渡候哉拙者儀幼少にて不奉存候。且又御当代寛文七年四日朔日に親覚右衛門病死仕、同年五月二日に浜田市郎兵衛を以願上申候処、跡式無御相違拙者に同年八月四日柴田外記を以被仰付御黒印頂戴仕候。以上

延宝五年正月十七日

7　安彦勘之丞

一　拙者親安彦孫惣儀葛西譜代御座候。
義山様御代津田古豊前を以被召出、野谷地拝領仕自分入金を以開発仕寛永十七年御竿被相入、起目高二貫三百六十二文之所被下置候所、同廿一年に惣御検地之節二割出目共に高弐貫八百二十二文に被成下候。右孫惣儀年罷寄御奉公不罷成候付て隠居被仰付、実子拙者に跡式被下置度旨延宝三年に願申上候処、同年七月四日柴田中務を以願之通成下之旨被仰渡候。以上
延宝五年正月晦日

8　太斎牛松

一　誰様御代拙者先祖誰を初て被召出候哉、曽祖父以前之儀不承伝候。曽祖父太斎越中儀
貞山様御代御知行八百五十六文にて御奉公仕候処、子共無御座候付今村与左衛門を養子に仕度段奉願候処願之通被仰付候。右越中病死仕、跡式無御相違与左衛門に被下置候。年号・御取次不承伝候。其後与左衛門越中と改名被仰付候。
義山様御代に罷成年罷寄御番等不罷成候条、隠居之願申上度奉存、実子今村勘兵衛儀は
貞山様御代より別て御知行致拝領御奉公仕候故、其子加兵衛孫に御座候間家督願上、跡式無御相違成田木工を以被下置候。年号不奉存候。
義山様御代寛永廿一年惣御検地之節二割出目被下置、本地取合壱貫十六文に被成下御黒印頂戴仕候。

御同代右加兵衛儀近江国御知行御郡代官被仰付相勤申内、御扶持方四人分為御加増被下置候。年号不奉存候。御当代に罷成寛文元年御家中並を以右御扶持方御知行壱貫八百文に被直下、都合二貫八百十六文に被成下御黒印頂戴仕候。右加兵衛儀於京都寛文七年五月十五日病死仕候。男子持不申女子持申候故、拙者儀熊谷吉右衛門弟に御座候て加兵衛甥に御座候条、右加兵衛女子に取合苗跡被相立被下置候様に奉願候処、願之通加兵衛跡式無御相違被下置旨、寛文八年八月八日古内志摩・原田甲斐を以被仰付、当時拙者知行高二貫八百十六文之所、御黒印頂戴仕候。以上

延宝五年二月三日

9 横山甚兵衛

一 拙者親正左衛門儀葛西浪人御座候処に義山様御部屋住寛永十一年に鴇田駿河を以被召出、新田壱貫文古内古主膳を以被下置候。其以後明暦弐年新田六百文山口内記を以拝領仕候。且又御当代延宝元年六月十八日、新田壱貫二百十五文被下置候旨小梁川修理を以拝領仕候。取合高二貫八百十五文に御座候所、右親正左衛門儀延宝二年八月病死仕候付、跡式無御相違拙者に被下置候旨同年十一月十日に右修理を以被仰渡候。拙者知行高二貫八百十五文に御座候。以上

延宝四年十二月十四日

10　三浦六左衛門

一　拙者継父三浦島之助儀
義山様御代寛永十五年成田木工を以被召出、御仕着御切米二両・御扶持方四人分被下置、御小性組に被召仕御奉公相勤申候処、同十五年越前様へ被相付御他界以後御仕着御切米に被直下、御切米七両・御扶持方四人分に被成下候処、明暦二年五月十九日相果申に付、男子無御座候故実甥之儀に候間、拙者を聟名跡に被成下度旨申上候付、同年七月九日右木工を以無御相違被仰付、拙者儀則虎之間小性に被召仕候。
綱宗様御代元服被仰付定御供御奉公相勤、
御当代寛文拾年迄引続相勤申候。寛文五年極月十四日、黒川郡大爪村之内柏木原久荒所二貫八百拾壱文、茂庭周防於江戸坡露之上和田半之助を以被下置候。右御切米七両・御扶持方四人分并御知行二貫八百十壱文御黒印頂戴仕候。以上
延宝五年三月廿二日

11　茂庭勘右衛門

一　拙者先祖伊達御譜代に御座候。
貞山様御代祖父茂庭又八奥方御小性組に被召出、御知行九貫八百拾四文被下置御奉公仕候処、病人に罷成御奉公相勤兼申故、御知行一字指上、御赦免被成下度旨遠藤式部を以申上候得ば、忰より勤仕之者候間七貫文被召上、二貫八百十四文は被下置候間、心永養生可仕之旨被仰付罷在、快気以後御花壇御番被仰付相勤申砌改名左馬允に被

成下候。其以後達て御奉公不仕者之分進退三ケ一宛被召上刻、左馬允進退も三ケ一被召上九百三拾八文に被成下右御番相勤、元和元年六月十三日病死仕候。拙者儀細谷甚兵衛次男左馬允には孫に御座候故、苗跡被立下度由左馬允病中に右式部を以願上申候得ば、願之通被成下之旨被仰付之由承申候。拙者五歳之時に御座候付、委細之儀覚不申候。

義山様御代寛永年中御検地被相入、二割出目共に壱貫百二十六文に被成下候。

御同代深谷之内須江村野山にて田畑三町歩屋敷共に、承応三年に山口内記・真山刑部を以拝領、開発之地壱貫六百七十壱文之所茂庭周防を以万治元年被下置候。本地新田取合高二貫七百九十七文之御黒印頂戴仕候。以上

延宝五年正月晦日

12 目々沢甚左衛門

一 私先祖伊達御譜代之由御座候。

誰様御代先祖誰を被召出候哉其段は不承伝候。

貞山様御代祖父目々沢源兵衛知行四貫八百文被下置、伊達河内殿へ被相付候。元和二年に吉岡にて病死仕、親同氏源吉苗跡相継申候。寛永十一年に河内殿御死去以後無足に罷成候処、同十五年三月河内殿元家来衆に被下置候並を以、桃生郡中津山村にて本知行高之内四分一、苗代目に上納被下置、四分三野谷地古内故主膳・鴇田駿河を以被下置候。同十六年に津田近江を以御目見仕候。手前不如意に付野谷地開発仕兼候処、同十九年に御竿入高弐貫七百六十四文に罷成、同廿一年に御黒印頂戴仕候。正保年中右源吉源兵衛と改名仕候。

御当代に罷成寛文元年御黒印頂戴仕候。寛文十二年に源兵衛隠居之願指上申候処、無御相違右二貫七百六十四文之所拙者に被下置旨、寛文十二年閏六月十日古内志摩を以被仰渡候。以上

延宝五年二月廿五日

13　内馬場六兵衛

一　拙者祖父内馬場右衛門と申者、輝宗様へ御奉公申上御知行高十貫文被下置候。輝宗様被遊御逝去候節殉死之御供仕候。右衛門実子同氏新七と申者に、右御知行無御相違被下置候処、元和年中於京都新七相果申候。以後右衛門次男拙者実父内馬場次左衛門従貞山様古田伊豆を以右之地無御相違苗跡被立下御奉公相勤申候。其後野谷地致拝領御知行高十六貫二百文に被成下、寛永十一年に亡父次左衛門病死仕、拙者四歳に罷成幼少故、姉に当次左衛門取合聟苗跡に被相立、十六貫二百文之所無御相違被下置御奉公相勤申候。拙者儀無足に罷成年比に御座候故、次左衛門進退高之内壱貫二百文拙者に被分下度由、寛文七年に当次左衛門願申上候処、願之通分被下置之由、古内志摩を以寛文七年四月廿九日被仰付、当時拙者進退壱貫二百文にて御国御番被仰付相勤罷在候。以上

延宝四年十二月七日

14　石母田勘十郎

一 私父石母田三九郎儀、青木下野所に与力に罷在候処、寛永十二年右下野を以御切米三切・御扶持方三人分被下置、御給主組に被召出、右御給主御奉公二十年相勤、其上仙台御米蔵役人に被仰付、明暦元年十二月廿一日組御免被成下、万治三年二月廿三日に右役目首尾罷相勤申に付、御切米壱切・御扶持方壱人分為御加増、大和田内蔵助・浜田平十郎を以拝領仕、御切米壱両・御扶持方四人分に罷成候。且又親三九郎寛文三年九月十九日病死仕候に付、天童内記を以申上候得ば、無御相違跡式被下置之旨、富塚内蔵允を以同年十二月十八日に被仰渡候。寛文七年に野谷地拝領仕此起目二貫七百三十三文、寛文十三年六月十八日に柴田中務・小梁川修理を以被下置、当時拙者知行高二貫七百三十三文と御切米壱両・四人御扶持方に御座候。以上

延宝七年四月廿七日

15 永野二兵衛

一 拙者親永野下総儀相馬窂人御座候。貞山様御代被召出御知行被下置御奉公仕罷在候処、年罷寄候付て嫡子永野帯刀に家督被下置隠居仕候以後、隠居分に御知行二貫三百文蟻坂善兵衛を以被下置、其以後別て御奉公仕候。然処親下総寛文十九年病死仕候。義山様御代古内故主膳を以披露之上、二割出目共二貫七百文に被成下、隠居跡式拙者に被下置旨寛永十九年右主膳を以被仰付候。御黒印頂戴仕候。拙者儀右下総次男に御座候条、先祖之儀は永野伊織惣領筋に付書上申候間委細不申上候。拙者知行高弐貫七百文に御座候。以上

延宝五年四月八日

一伊達右衛門殿へ拙者祖父斎丹後知行高二貫二百三十三文被下置被召仕候処に、右衛門殿寛永三年八月十七日御遠行被成候付て右丹後二世之御供仕候。跡式右知行高之通無御相違実子拙者親同氏源四郎に被下置、貞山様御代中島監物を以被召出候。年月は不承伝候。同廿一年惣御検地之刻二割出目四百四十文被相加、右合二貫六百七十三文に被成下候。然処右源四郎寛文十一年八月十三日病死仕、跡式拙者に被下置度旨、親類共願書物指上申候処、無御相違同年十月十一日柴田中務を以願之通被下置御奉公仕候。以上

延宝五年四月十九日

16 斎伝六

一貞山様御代拙者親柴原助次郎儀江戸定詰に被召出、御切米九切・六人御扶持方被下置中之間御番所被仰付候。被召出候年号・御申次衆不承伝候。義山様御代右助次郎五十九歳にて、寛永十三年十月二日病死仕候付跡式願申上候処、跡式無御相違実子拙者に被下置之旨、寛永十四年古内喜兵衛を以被仰渡候。宮城之内にて入海拝領仕自分造作を以新田に闢之、高二貫七百十壱文之所被下置之旨、延宝五年二月十日柴田中務を以被仰渡候。右之通にて、御番相勤申候。以上

延宝五年四月廿五日

17 柴原惣兵衛

18 福原七郎左衛門（御歩小性）

一　私先祖田村御譜代にて安積郡仙道福原之城主福原大蔵と申者之次男、拙者には祖父同氏久四郎儀田村にて鹿又之遺跡相続仕鹿又久四郎と申、片倉備中を以、貞山様へ被召出、牧野大蔵手前歩小性組に被召加、御切米七切と銀十四匁四分五厘・五人御扶持方被下置、其後改名太郎左衛門と被仰付、御奉公仕候由承伝候。被召出候年号不承伝候。右太郎左衛門儀寛永十四年病死仕、跡式無御相違嫡子拙父七郎兵衛に被下置候。年号・御申次等不承置候。右七郎兵衛儀義山様御代に本苗福原に被成下度旨奉願候処、福原に被成下候。年号・御申次不承置候。右七郎兵衛寛文元年閏八月十九日病死仕、跡式拙者に無御相違同年十月十五日早川古勘解由を以被下置候。寛文九年名取郡坪沼村之内にて、野谷地新田壱町六反歩余、和田半之助・田村図書書付を以申受開発仕、延宝二年に御竿被相入、高二貫六百六十五文之所同三年九月朔日柴田中務を以拝領仕候。御黒印は于今頂戴不仕候。当時拙者進退知行高二貫六百六十五文と御切米七切銀拾四匁四分五厘・五人御扶持方拝領仕、武田伊右衛門手前御歩小性組頭役目被仰付、御番所御次之間に御座候。以上

延宝七年八月十七日

19　青木次郎右衛門

一　拙者養父青木次郎右衛門儀貞山様御代元和八年被召出、御切米壱両・四人御扶持方佐々若狭を以被下置御奉公相勤申候。実子無之付て拙者儀内海新助三男に御座候を聟養子に仕候。然処養父次郎右衛門儀

義山様御代明暦元年に病死仕、跡式無御相違同年八月廿三日山本勘兵衛を以拙者に被下置候。御当代寛文八年野谷地拝領、自分開発之高二貫六百五十二文之所、寛文十三年六月十八日柴田中務を以被下置、当時私進退二貫六百五十二文と御切米壱両・四人御扶持方に御座候。御黒印は于今頂戴不仕候。以上

延宝七年三月廿五日

20 細谷次郎吉

一 拙者先祖御家御譜代之由承伝候。拙者祖父細谷清九郎御知行高二貫二百七文従御先代被下置候。右清九郎寛永五年七月十六日病死仕、跡式無御相違拙者親清兵衛五歳之年被下置候。寛永廿一年惣御検地之刻二割出目被下置、御知行高二貫六百五十文に被成下候。寛文八年九月廿二日右清兵衛病死仕、跡式無御相違、同九年二月四日柴田外記を以拙者二歳之時被下置候。御黒印頂戴仕候。二代幼少にて親死去仕候故、先祖誰様御代被召出御知行被下置候哉、祖父以前之儀不奉存候。勿論段々家督相続仕候年月・御申次も不承伝候。以上

延宝五年三月廿二日

21 宮沢金右衛門

一 貞山様御代拙者親宮沢掃部儀佐々岡備後を以御不断衆に被召出、御切米六切・三人御扶持方被下置候。御同代右御切米御扶持方願を以御知行二貫二百四文に被直下候。右何も年月覚不申候。

義山様御代寛永十六年組御免被成下、御本丸御番被仰付候。寛永二十年親掃部病死跡式無御相違、御本丸御城代只木下野を以同年に被下置、惣御検地之節二割出目共拝領二貫六百四文に御座候。御黒印頂戴仕候。以上

延宝五年三月十一日

22 只木市右衛門

一 拙者親只木久内儀

貞山様御代御切米三切・三人御扶持方被下置御不断組に被召出候。年号・御申次不承伝候。其後御買野谷地拝領仕自分取立を以、高四貫百文被下置候砌右御切米御扶持方被召上、組付之御奉公御免被成下候。右御切米御扶持方如何様之品を以被召上候哉、且又新田拝領仕候年号・御申次不奉存候。右久内寛永十二年六月十七日病死仕候付、嫡子私兄甚六に跡式無御相違被下置候。誰を以被仰付候哉御申次不承伝候。

義山様御代右甚六儀寛永十六年十二月十九日病死仕候故家督之子共無御座候付、拙者儀右甚六実弟に御座候を家督に被仰付被下置候様に親類共奉願候処に、拙者儀其節八歳に罷成候故幼少にて御奉公勤兼可申候間、右高之内二貫文被召上残二貫百文之所拙者に被下置家督相続可仕之旨、同十七年正月廿六日鴇田駿河を以被仰渡候。寛永廿一年御知行御割之時分二割出目共二貫六百四文之高に被成下御黒印奉頂戴候。以上

延宝七年三月廿三日

23 伊藤三之助

一　拙者親伊藤権六儀、
義山様御代御小性之間へ被召出、御切米三両三分・四人御扶持方被下置御奉公相勤申候。其以後表へ被相出御国御番仕候。然処寛文八年流之内涌津村にて野谷地新田壱町五反、同九年同郡之内上油田村にて七町、右権六拝領仕候処寛文十二年病死仕候付、同年十月廿八日古内志摩を以、拙者に苗跡無御相違被下置候。権六病死以後右野谷地開発涌津村にて壱貫九百七十八文之所、寛文十三年六月十八日小梁川修理を以拝領仕候。上油田村にて六百二十六文之所、延宝元年十月廿九日大条監物を以拝領仕候。右両地起目起過共高合二貫六百四文拙者に被下置之旨右両度に被仰渡候。拙者当進退二貫六百四文と御切米三両三分・四人御扶持方に御座候。御黒印未頂戴不仕候。以上

延宝五年正月廿八日

24　大宮加右衛門

一　拙者先祖
御先代より御奉公仕由御座候得共、
誰様御代より誰御申次を以被召出候哉、祖父作内以前之儀不奉存候。作内儀御切米御扶持方被下置御奉公仕候処、
貞山様御代名取十七役と申御役目、庄子権右衛門・作内両人に被仰付御用相勤罷在候内、同郡飯野坂村に小山長蔵と申者在所仕居申候。右長蔵吉利志丹宗旨に御座候て御法度被成置候砌、右権右衛門・作内御代官に被仰付、御闕所仕候処、諸事首尾罷仕候段被為及聞召組御免被成下、右御扶持方御切米は被召上長蔵知行地之内二貫六百文

除屋敷共に奥山古大学を以被下置御番入被仰付、御奉公相勤申由承伝候。組之御奉公仕節被下置候御扶持方御切米之員数・年号共不奉存候。祖父作内寛永十一年九月十六日に病死仕、親新蔵に跡式無御相違同年極月廿日に貞山様御代右大学を以被下置御奉公相勤申候。新蔵儀万治二年十月三日病死仕、御知行高引続拙者に、同三年二月廿三日奥山大炊を以

品川様御代被下置御黒印奉頂戴候。以上

延宝五年四月十九日

25 鹿又権右衛門

一 拙者父鹿又戸兵衛、御知行高十貫百文之内二貫六百文拙者に被分下度段慶安三年右戸兵衛申上候処、如願之被仰付之旨古内古主膳を以被仰渡候。同三年六月廿九日

義山様御黒印、寛文元年十一月十六日

御当代御黒印奉頂戴候。先祖之儀は戸兵衛嫡子同苗勘太郎可申上候。以上

延宝五年二月十四日

26 大内藤兵衛

一 私先祖塩松譜代御座候。拙者儀大内彦兵衛次男に御座候。大内牛之助と申候て兵部殿へ罷出、切米三両・四人扶持并仕着金二両三分被下罷在候処、兵部殿流人以後、寛文十二年六月廿一日古内志摩を以被召出、御知行二貫六

百文拝領仕御番入被仰付、其以後藤兵衛に改名仕相勤罷在候。御黒印は未頂戴不仕候。以上
延宝五年二月四日

27 男沢六兵衛

一 拙者実父男沢六左衛門儀葛西譜代之由承伝候。無進退にて罷在候処、義山様御部屋住之節桃生郡深谷之内前谷地村にて御新田御取立之砌、寛永十年鴇田駿河を以被召出野谷地被下置、深谷中御鳥見御用被仰付候。同十八年惣御検地之時分御竿被相入、御知行高壱貫文之所同廿一年古内古主膳を以拝領仕候。
御同代承応三年四月十五日山口内記・真山刑部を以遠田郡大田村にて野谷地拝領、起目御竿入壱貫四百九十九文之所
綱宗様御代万治二年古内主膳を以被下置候。右六左衛門儀寛文十三年正月十四日に病死仕候付、親類共願指上申候処、跡式無御相違御知行高二貫四百九十九文之所同年七月廿二日柴田中務を以拙者に被下置候。延宝三年十月十三日遠田郡大田村之内拙者下中除屋敷へ御竿入、高九十八文之所同六年四月廿五日に黒木上野を以拝領仕候。都合二貫五百九十七文に御座候。以上
延宝七年四月十七日

28 庄子権右衛門

一　拙者曽祖父庄子越後国分譜代牢人にて罷在候内病死仕、其実子拙者祖父九郎兵衛代に罷成、貞山様へ被召出、屋代勘解由寄子に罷成無足にて伏見に御詰之時分御供仕、三年相詰申候。本代壱貫五百文之御切米・四人御扶持方被下置候。九郎兵衛被召出候御取次・年号且又隠居被仰付父権右衛門に家督被下置候御取次・年号等不承伝候。権右衛門代に罷成御切米二両に被成下、名取郡御代官被仰付数年相勤申に付、寛永廿一年八月十四日右御切米御扶持方は被召上、奥山古大学を以、御知行二貫五百八十六文之所被下置御番所御次之間被仰付、右権右衛門明暦元年九月廿二日病死仕、同年十二月廿三日奥山大炊を以家督無御相違拙者に被下置御黒印頂戴仕候。以上

延宝五年四月廿日

29　斎藤長右衛門

一　誰様御代拙者先祖を始て被召出候哉不承伝候。祖父斎藤小六郎儀貞山様伊達に被為成御座候時分、御知行三拾弐貫三百文被下置御奉公仕候由承伝候。右御朱印于今所持仕候。其以後如何様之品を以御知行御減少被成候哉、弐貫百五拾四文被下置御広間御番被仰付候。右小六郎病死跡式無御相違嫡子拙父同氏長右衛門に被下置候。誰を以何年に被仰付候哉不奉存候。寛永弐拾壱年に弐割出目被下置、弐貫五百八拾五文之御黒印所持仕候。右長右衛門儀寛文五年三月病死仕候処、跡式無御相違同年七月廿八日原田甲斐を以拙者に被下置候。以上

延宝七年七月四日

30　石田十左衛門

一貞山様御代拙者祖父山崎平兵衛屋代勘解由手前にて御用相立、其後伊達河内殿御手習御師匠被仰付、平兵衛隠居仕子共同性十蔵に三貫文被下河内殿へ御奉公仕候。御遠行以後御下中衆弐拾人余桃生郡中津山村に野谷地被下置、本高次第切起可申由古内古主膳を以被下置候。本高に不罷成候内惣御検地被相入候節、壱貫六百弐拾文之所親十蔵に被下置候。拙者儀は石田喜兵衛男子無御座候付、養子之願指上申候処、寛永十八年奥山古大学を以右喜兵衛苗跡御切米三両・御扶持方四人分被下置御奉公仕候。養父喜兵衛儀何時より被召出御奉公仕候哉不承伝候。実父十蔵儀明暦三年病死仕候。跡式壱貫六百弐拾文之所、義山様御代奥山大学を以明暦三年四月御加増被下置候。御当代御切米御扶持方御知行持副之分は地形被直下候節、拙者儀も御切米御扶持方三貫五百拾四文被直下、都合五貫百三拾四文之高に被成下、御当代御黒印頂戴仕候。黒川郡御代官相勤申候。然処寛文七年黒川郡大平村渡辺惣左衛門百姓同村片倉六兵衛百姓養子出入罷出、書物被為取候。其書物内々にて書直申段乍承、為書直申儀不届被思召、拙者知行高之内半分被召上旨寛文八年山路八兵衛を以被仰付候。唯今知行高弐貫五百六拾七文御黒印頂戴仕候。以上
延宝七年十二月十六日

31　佐和吉右衛門

一誰様御代拙者養父之先祖誰を始て被召出候哉、養父以前之儀は不承伝候。拙者養父佐和休兵衛儀、

義山様御代御知行弐貫五百六拾六文被下置御奉公仕候処、男子無之付、拙者儀大石十郎右衛門実弟に御座候処に、聟苗跡に仕休兵衛儀は隠居被仰付被下置度旨奉願候処に願之通被仰付、寛文四年四月十一日跡式無御相違原田甲斐を以拙者に被下置候。当時知行高二貫五百六拾六文御座候。以上

延宝四年十二月十五日

32　寺崎十右衛門

一　拙者先祖会津譜代盛氏へ奉公仕候処、貞山様御代曽祖父寺崎長門被召出、御知行弐貫五拾六文被下置候。誰を以被召出候哉年号等不承伝候。長門死去嫡子市兵衛に家督無御相違被下置候。是又誰を以被下候哉年号も不承伝候。右市兵衛儀元和九年九月病死仕候処男子無御座候に付、市兵衛実弟拙者父十右衛門に家督被下置度旨願申上候得ば、無御相違被下候段同九年十一月廿日に鈴木七右衛門を以被仰渡、右御知行弐貫五拾六文之所拝領御黒印頂戴仕候。義山様御代明暦弐年五月廿六日同氏十右衛門病死仕候付、跡式之儀願申上候処無御相違拙者に被下置之由、同年九月廿日内馬場蔵人を以被仰渡御黒印頂戴仕候。然処私儀男子持不申候付延宝三年願申上、曽根金十郎実弟に吉郎兵衛聟養子に申合、右金十郎知行高之内五百文之所拙者方へ分遣申候付て、本知行取合弐貫五百五拾六文之高被成下候。其段同年十二月十六日大条監物方を以被仰渡候。以上

延宝五年四月五日

33　大友長九郎

一　拙者知行高弐貫五百四拾五文御座候。右知行拝領仕候儀は拙者親同氏小兵衛老衰仕候付延宝元年隠居願申上候砌、右小兵衛知行高六貫四拾五文之内三貫五百文は嫡子同氏四兵衛に被下置家督被仰付、弐貫五百四拾五文は三男拙者無足にて罷在候間被分下度旨奉願候処に、如願被仰付旨同年極月廿六日大条監物宅にて被仰渡右知行高之通被下置候。以上

延宝五年三月十六日

34　宮沢《御不断》休蔵

一　拙者親宮沢茂左衛門儀
貞山様御代御不断組被召出、御切米小判壱両銀拾弐匁八分・御扶持方三人分被下置、御奉公仕候処、
義山様御代寛永弐拾壱年八月宮城郡高城竹谷村にて、茂左衛門開発之新田壱貫弐百拾三文、和田因幡・山口内記を以被下置候。其後
御同代慶安三年四月右同所にて、茂左衛門開発之新田壱貫三百弐拾六文右因幡・内記・武田五郎左衛門を以追て拝領仕、都合弐貫五百三拾九文之高持添に被下置候。茂左衛門儀寛文元年九月病死仕候。同弐年六月十日に上野五郎左衛門支配之砌、拙者儀十五歳に罷成候て幼少に御座候付、御切米之内壱切銀十二匁八分之所御減少被成置、御切米三切・三人御扶持方・御知行弐貫五百三十九文之所親苗跡拙者に被下置候。然処寛文拾弐年大松沢彦左衛門御不断頭之砌先年御減少之品々申立候処銀三匁弐分御加増被成下、当時拙者進退高御切米三切銀三匁弐分・三

人御扶持方・御知行弐貫五百拾九文之御黒印頂戴仕候。以上

延宝五年二月廿五日

35 安代勘四郎

一 私祖父安代伯耆儀河内殿へ奉公仕御知行三貫文被下置候。伯耆病死仕候砌同子私親掃部跡式無御相違被下置候処、寛永十一年河内殿御遠行被成置候付、同拾五年義山様御代古内古主膳を以右高之内四箇一七百五拾文苗代分に桃生中津山にて被下置、同所野谷地勝手次第に起申候はば起目之分高に可被成由被仰付候。右野谷地起目高壱貫七百七拾八文本地合弐貫五百弐拾八文、惣御検地以後寛永弐拾壱年に被下置由御座候得共、誰を以被下置候哉不奉存候。且又掃部儀老衰仕候間隠居被仰付被下度旨奉願候得ば、寛文四年五月廿日富塚内蔵丞・柴田外記を以願之通隠居被仰付、跡式御知行高弐貫五百弐拾八文拙者に無御相違被下置、御当代御黒印奉頂戴仕候。以上

延宝七年七月廿日

36 中川正兵衛

一 拙者迄四代以前之祖中川筑後、性山様御時代被召出、御知行六貫三百文之所被下置御奉公仕、引続

貞山様にて被召使、米沢御国替之刻御供仕御当地へ罷越候。

貞山様岩出山御在城之節、右筑後儀名取御郡用被仰付、同御郡之内於増田村、右高之通御知行并屋敷所迄被下置御用相勤申候。筑後病死仕家督無御相違嫡子太郎左衛門に被下置候処、太郎左衛門儀も無間も病死仕其上一子も無御座候故右高六貫三百文之内三ケ二被召上、弐貫百文之所古田伊豆を以太郎左衛門実弟茂助に被下置、筑後苗跡被仰付候。右段々家督被下置候年号は不承伝候。茂助儀数年御奉公相勤改名備後に罷成候。

義山様御時代御分領中惣御検地弐割増被成下に付、備後進退弐貫五百弐拾文罷成候。其以後隠居被仰付、家督奥山大学を以寛文三年四月六日備後嫡子茂助被下置候。茂助儀も在々所々御用等無恙相勤年罷寄候付隠居被仰付、家督無御相違弐貫五百弐拾文之所、小梁川修理を以延宝弐年霜月十三日茂助実子拙者に被下置候。以上

延宝五年三月廿一日

37　作並九郎兵衛

一　拙者祖父作並二兵衛儀国分譜代に御座候。
貞山様御代御歩小性組に被仰付、御切米壱両・四人御扶持方被下置、大坂御陣之時分、牧野大蔵を以被召出候。其以後寛永十年野谷地新田申請起高弐貫拾六文罷成候所被下置候。併其節之年号誰を以被下置候段不奉存候。右二兵衛儀寛永拾弐年江戸御番に罷登同年五月十三日於江戸病死仕候付て同子左平次に右進退無御相違被下置旨茂庭古周防を以被仰渡候。其以後寛永年中惣御検地之時分弐割出目共弐貫五百弐拾文被成下候。然処
義山様御代右左平次奉願弟作並金左衛門に御切米・御扶持方之所被下置御歩小性組被仰付、右左平次儀御組御免被

成下右新田起目知行を以御奉公相勤申度由奉願候処、願之通被成下由承応弐年霜月廿日古内主膳を以被仰渡候。且又万治二年養父左平次奉願今内と改名被仰付候。今内儀老衰御奉公仕兼候故隠居仕度由奉願候処、願之通被成下右進退拙者に無御相違被下置旨、寛文十三年正月十八日柴田中務を以被仰渡候。右今内儀男子持不申候付、拙者儀聟苗跡茂庭周防を以奉願候処、願之通被成下旨寛文弐年十月右周防を以被仰渡候。拙者知行高弐貫五百弐拾文御座候。御黒印于今頂戴不仕候。以上

延宝五年二月廿二日

38 遠藤市左衛門

一 拙者先祖

誰様御代被召出候哉曽祖父以前之儀不承伝候。貞山様御代曽祖父遠藤武蔵御知行高五拾貫文被下置御足軽差引御奉公仕、大坂御陣へ父子御供仕候。右武蔵儀大坂にて病死仕候。嫡子助三郎跡式無御相違被下置候。年号・御申次不承伝候。右助三郎江戸御番相勤病死仕候。嫡子市左衛門幼少御座候右御知行被召上候由承伝候。其後市左衛門儀、義山様御代古内古主膳所に寄騎付罷在、以後無足にて御国御番五・六ヶ年相勤申、引続定御供六・七ヶ年仕候付、正保弐年極月廿六日御切米金子三両・御扶持方四人分古内主膳を以被下置候て御納戸御役目被仰付、江戸御国共拾弐・三年相勤申候。其以後起目新田高六百九拾四文為御加増寛文元年十一月十六日奥山大学を以被下置候。又以野谷地六町寛文五年八月六日田村図書・和田織部・内馬場蔵人を以申受開発御竿入三貫三百三拾壱文之所同十

壱年五月八日古内志摩を以拝領仕候。右弐口御知行高合四貫弐拾五文・御切米三両・御扶持方四人分被下置候。且又寛文十二年極月十四日父市左衛門病死仕跡式無御相違同十三年二月廿七日柴田中務を以拙者に被下置候。且又寛文八年二月十五日野谷地壱町五反分田村図書・鴇田次右衛門を以拝領開発御竿入高壱貫五百四拾文同十三年六月十八日小梁川修理を以被下置候。然処親市左衛門弟猪苗代喜兵衛浪人にて罷在候時分、右御知行高之内三貫三百三拾壱文之所右喜兵衛に被分下候様に申上度由、親市左衛門存生之内願罷在候に付、家督拙者に被下置候以後同拾三年八月三日右願之通申上候処、延宝元年十一月廿五日大条監物を以願之通右喜兵衛に被分下、残る御知行高弐貫弐百三拾四文・御切米三両・御扶持方四人分御座候。以上

延宝五年五月七日

39　鹿股六郎兵衛

一　拙者父鹿股戸兵衛御知行高拾貫百文之内弐貫五百文拙者に被分下度段慶安三年右戸兵衛申上候処、如願被仰付之旨古内古主膳を以被仰渡候。同三年六月廿九日

義山様御黒印、寛文元年十一月十六日

御当代御黒印頂戴仕候。先祖之儀は戸兵衛嫡子同苗勘太郎可申上候。以上

延宝五年二月十四日

40　阿部甚右衛門《御歩小性》

一　拙者阿部越後儀
貞山様御代慶長年中奥山出羽を以御歩小性組に被召出、御切米壱両・四人御扶持方被下置御奉公仕候。其後牧野大蔵を以為御加増三切と銀三匁弐分被下置、合七切と銀三匁弐分・四人御扶持方に被成下候。右御加増拝領仕候時分之年号は不承伝候。
御同代寛永弐年伊場野外記を以野谷地拝領仕自分開発仕、高弐貫九拾四文同八年高城外記を以被下置候。
義山様御代寛永中惣御検地之砌、弐割出目四百文被下置都合弐貫四百九拾四文に被成下候。御黒印奉頂戴仕候。承応弐年奥山与市左衛門を以親越後隠居願指上申処、如願右与市左衛門を以右同年に家督無御相違拙者に被下置候。引続御次之間御番仕候。拙者知行高弐貫四百九拾四文・御切米七切と銀三匁弐分・四人御扶持方御座候。以上
延宝七年九月三日

41　丹野五右衛門

一　拙者祖父丹野縫殿助国分譜代に御座候。
貞山様御代中島監物を以被召出、御知行弐貫六拾五文被下置御奉公仕候。両度之大坂御陣にも馬上にて御供仕候。右縫殿助元和四年病死、跡式無御相違同年六月十日中島監物を以親与左衛門に被下置候。寛永十三年二月親与左衛門病死、跡式無御相違拙者被下置之旨同十四年五月廿日に津田近江を以被仰渡候。寛永年中惣御検地之節弐割出目被下置弐貫四百六拾五文之高に被成下御黒印頂戴仕候。已上
延宝五年二月十九日

42　半沢市右衛門

一　拙者曽祖父半沢太郎左衛門伊達にて
輝宗様御時代迄御扶持方被下置、御奉公仕候由に御座候。祖父太郎左衛門幼少之砌、曽祖父太郎左衛門死去仕候故跡式被相禿候付、祖父太郎左衛門儀親類根本源左衛門・半沢六郎右衛門得介抱罷在候。右太郎左衛門子五郎作儀義山様御部屋住之時分御歩衆に被召出、御切米六切銀五匁・四人御扶持方被下置御奉公相勤申候処に、寛永十四年右五郎作病死仕跡式古内古主膳を以拙者七歳に罷成候節家督無御相違被下置、正保四年より義山様へ御歩行御奉公相勤申候処、承応弐年氏家主水・成田木工を以御切米弐切御加増被成下、御切米弐両銀五匁・四人御扶持方罷成候。且又一迫柳目村にて、新田藤右衛門知行地続野谷地右藤右衛門相対を以村書付相調相給人も構無之由承届切起申候処、万治二年御竿被相入高六百三文罷成候処、山口内記・真山刑部書付相調不申内御竿被相入候付御蔵入罷成候。品々追て願指上申候処
御当代万治三年十月二日柴田外記を以被下置、御知行六百三文・御切米弐両銀五匁・四人御扶持方被成下候。然処寛文八年二月御歩行番頭被仰付、同年三月御歩行目付被仰付候付て同年八月十九日原田甲斐を以御歩行番頭並之御加増金壱両三分銀拾壱匁・御扶持方壱人分被下置、御知行六百三文・御切米四両・五人御扶持方に被成下候。寛文四年五月三日一迫柳目村野谷地にて、田弐町歩・畑壱町歩和田半之助・鴇田淡路を以拝領仕開発同八年三月御竿被相入、高壱貫八百四拾五文之所同九年四月五日柴外田記古内志摩を以被下置、取合御知行高弐貫四百四拾八文・御切米四両・五人御扶持方被成下候。御黒印頂戴仕候。先祖之儀幼少にて、苗跡相続仕候間委細不奉存承伝を以如此御座候。以上

延宝七年二月廿九日

43 明地長三郎

一 伊達右衛門殿へ拙者親明地掃部知行高弐貫三拾壱文之所被下御奉公仕候処、寛永三年八月十七日右衛門殿御死去被成に付、引続
貞山様へ中島監物を以被召出右知行高之通無御相違被下置、御代々御奉公仕候。
義山様御代惣御検地之時分弐割出目四百文被下置弐貫四百三拾壱文に被成下候。右掃部儀年罷寄候付隠居願申上候得ば、柴田中務を以延宝三年十一月十九日願之通隠居被仰付跡式無御相違拙者に被下置、同月廿一日右中務御取次にて継目之御目見仕候。以上
延宝五年正月十五日

44 男沢孫左衛門

一 拙者先祖は葛西譜代御座候。拙者儀
義山様御部屋住之内御新田御取立之刻寛永十年鴇田駿河を以被召出、桃生郡深谷之内前谷地村にて野谷地被下置、同十八年惣御検地之時分御竿被相入高壱貫文之所同弐拾壱年古内古主膳を以拝領仕候。
御同代承応三年四月十五日真山刑部・山口内記書付を以遠田郡之内太田村にて野谷地申請、起目御竿入高壱貫五拾

三文之所
綱宗様御代万治弐年古内中主膳を以被下置、都合弐貫五拾三文之御黒印頂戴仕候。以上
延宝五年二月六日

45 一条善八

一 伊達右衛門殿へ拙者親一条隼人知行高弐貫弐拾四文之所被下御奉公仕候処、寛永三年八月十七日に右衛門殿御遠行被成、引続
貞山様へ中島監物を以被召出、右知行高之通無御相違被下置、
御代々御奉公仕候。
義山様御代惣御検地之時分二割出目四百文之所被下置、弐貫四百弐拾四文之高被成下候。右隼人儀年罷寄候付て隠居願指上申候得ば、大条監物を以延宝弐年二月廿八日願之通隠居被仰付、跡式無御相違拙者に被下置奉公仕候。
以上
延宝五年正月十六日

46 秋保喜右衛門《御歩小性》

一 拙者祖父秋保喜右衛門儀
貞山様御代御歩小性組被召出、御知行弐貫十六文被下置大坂御陣へも御供仕候。右喜右衛門何年誰を以被召出候哉

不奉存候。

義山様御代寛永年中惣御検地之節弐割出目被下置弐貫四百弐拾文に被成下同弐拾壱年に御黒印頂戴仕候。承応弐年霜月祖父喜右衛門病死仕候に付、跡式無御相違嫡子拙者親喜右衛門に被下置旨、同三年正月山口内記を以被仰渡候。父喜右衛門儀病気故御奉公相勤兼候に付、

綱宗様御代隠居願申上候処願之通隠居被仰付、跡式無御相違拙者に被下置旨万治弐年霜月茂庭周防を以被仰渡、弐貫四百弐拾文之御黒印頂戴仕候。以上

延宝五年四月十三日

47 有海惣右衛門

一 拙者祖父有海伊賀伊達右衛門殿へ被召出、知行高弐貫拾壱文被下置御奉公仕候由承伝候。其後家督嫡子拙者父勘平に被下置御奉公仕候処、寛永三年八月十七日右衛門殿御死去被成候付、右勘平儀二世之御供仕候。拙者儀幼少に御座候得共

貞山様へ被召出、右跡式無御相違拙者に被下置旨寛永四年に中島監物を以被仰渡候。拙者幼少に御座候故同苗左助に則御番代被仰付同十三年迄御番代相勤申候。拙者儀成長仕候付同年秋中右監物を以

義山様へ御目見仕、随て御奉公相務申候。

御同代惣御検地之時分弐割出四百文之所被下置、右合弐貫四百拾壱文被下置候。以上

延宝五年四月十七日

侍衆

御知行被下置御牒（五十五）

弐貫四百文より
壱貫八百二十九文迄

1　宮沢文右衛門

一　拙者祖父宮沢清兵衛事は宮沢西甫三男に御座候て無進退にて罷在候処に、貞山様御代右清兵衛実子宮沢喜兵衛笹岡与兵衛手前御不断組に被召出、御切米五切銀六匁四分・三人御扶持方被下置右御奉公相勤申候。右喜兵衛は拙者親御座候。親被召出候品勿論年号は拙者幼少之時分親相果申候付不承伝候。拙父代寛永十三年御売谷地被成置候時分野谷地二町分申請、其砌之御売谷地御役人衆大松沢甚九郎・中目善衛門渋谷与十郎・大松沢十兵衛右四人下書付于今所持仕候。右野谷地起立寛永十七年御竿被相入起目高弐貫四百文之所、鴇田駿河を以拝領仕由御座候。尤年号不承伝候。同廿一年八月十四日御黒印頂戴仕候。右取合進退高知行二貫四百文と御切米五切と銀六匁四分・三人御扶持方御座候処、親喜兵衛慶安三年三月三日病死仕、同年四月廿五日跡式無御相違拙者に被下置旨森田隠岐を以被仰付、引続拙者儀御不断組御奉公相勉申候処、万治元年三月御八百屋役目木村久馬を以被仰付、江戸御国共相勤申に付、寛文九年閏十月六日御不断組御赦免被成下旨大町権左衛門・各務釆女を以被仰付、古内志摩書付所持仕候。同十一年二月十九日右役目久鋪相勤申に付壱人御扶持方御加増被成下旨各務釆女・渋川助太夫を以被仰付、茂庭主水書付所持仕候。都合進退高弐貫四百文と御切米五切と銀六匁四分・御扶持方四人分被下置候。惣領筋目は宮沢正衛門に御座候条先祖之儀は右正右衛門方より可申上候。以上

延宝七年七月十七日

2　青木助次郎

一　拙者親青木喜兵衛儀寛文六年十一月病死仕、跡式御知行高二貫四百文之所無御相違被下置候段、同七年二月十七日原田甲斐を以被仰渡候。其節拙者儀九歳に罷成候故、先祖如何様之品を以、誰様御代に誰を以被召出御奉公申上候哉、品一切不承置候。拙者知行高弐貫四百文に御座候。御黒印も頂戴仕候。以上

延宝四年十二月廿日

3　御歩小性組《おかちこしょうぐみ》　御代田新兵衛

一　拙者親御代田新兵衛儀田村御譜代に御座候。貞山様御代今泉山城を以御切米五切・五人御扶持方被下置御歩小性組被召出候。然処右新兵衛親類に常盤助九郎と申者御知行二貫文之所被下置御奉公仕候処、伊達遠江守様へ被進予州へ被相遣、依之右助九郎に被下置御知行二

貫文之所親新兵衛に被下置、右之御切米・御扶持方指上申度由奉願候処、右新兵衛願之通被成下由御座候。右御申次不承伝候。勿論年号等も承知不仕候。

義山様御代惣御検地之刻二割出四百文被下置、都合二貫四百文之御知行高に被成下候。右新兵衛儀承応三年七月廿七日病死仕、跡式無御相違二貫四百文之所拙者に被下置旨大町内膳を以同年十月十日被仰渡候。以上

延宝五年四月晦日

4 熊谷甚之允

一　拙者先祖葛西譜代御座候。御知行拝領仕候品々矢目古伊兵衛女房拙者為には姉に御座候右伊兵衛貞山様へ殉死之御供仕候節、伊兵衛知行高之内弐貫四百文隠居分に拙者姉に分渡可申由、子共伊兵衛に申置候。義山様御代慶安五年右隠居分弐貫四百文之所拙者に被下置、御奉公為仕度旨山本勘兵衛を以子共伊兵衛披露申上、如願之二貫四百文之所拙者に被下置候。以上

延宝五年二月九日

5 御不断与 三浦久左衛門

一貞山様御代、拙者親三浦久左衛門儀御不断組に被召出、御切米五切・三人御扶持方被下置御奉公仕候処、寛永十年名取之内小豆島村にて野谷地二町申請切起、同二十年御竿被相入弐貫四百文之高被成下候。同年に御黒印頂戴仕候。親久左衛門儀正保四年二月九日病死仕候。同四月廿七日跡式無御相違拙者に被下置之旨浜田半兵衛を以被仰渡候。

御当代に罷成右小豆島村、田村隠岐殿御知行罷成に付、志田之内新沼村へ被替下寛文元年十一月十六日御黒印頂戴仕候。以上

延宝五年二月十六日

6 小原善左衛門

一 拙者先祖伊達御譜代筋目之由承伝候。輝宗様御代於伊達拙者曽祖父小原勘解由被召出、御知行百五拾貫文被下置御奉公相勤申候由承伝候。何様之品にて被下置候哉、御取次・年号不承伝候。右進退於伊達被召上候由、如何様之品にて被召上候哉其段不承伝候。無足にて御当地へ罷下候以後、右勘解由病死仕候付嫡子助九郎被召出、御知行七貫文被下置中之間御番被仰付候。右御申次・年号不承伝候。助九郎儀貞山様御代寛永九年病死仕候処に、嫡子拙者親三之丞幼少に御座候故右御知行被召上候。御切米四切・四人御扶持方被下置成長仕候はば本地可被返下由山岸飛驒を以被仰渡候。年号は不承伝候。親三之允儀寛文九年十月廿四日病死仕候付、跡式無御相違拙者に被下置之由、寛文十年二月廿三日原田甲斐を以被仰渡候。且又拙者在郷屋敷親三之允代より所持仕候を御竿被相入、御知行高に被成下度由覚書を以申上候処如願之被成下御竿被相入、高二貫三百六十六文之所延宝三年霜月廿三日柴田中務を以被下置、当時御切米四切・御扶持方四人分と二貫三百六十六文御座候。以上

延宝五年四月廿八日

一　拙者実父宮川五左衛門儀
義山様御代承応元年二月於江戸古内古主膳を以被召出、御扶持方六人分・御切米五両被下置定御供御奉公相勤申候。同二年霜月十七日病死仕候。右御扶持方御切米無御相違同三年拙者四歳之時右古主膳を以被下置候。十五歳より御国御番相勤申候。御番所次之間に御座候。寛文十年二月野谷地拝領仕開起、延宝五年三月御竿入、同六年十月六日黒木上野を以右新田高弐貫三百三十四文被下置候。未御黒印は頂戴不仕候。右知行高二貫三百三十四文御扶持方六人分・御切米五両に御座候。以上
延宝七年七月廿九日

7　宮川五左衛門
8　御歩小性
男沢九郎右衛門

一　拙者祖父男沢蔵人儀葛西浪人に御座候処、
貞山様御代牧野大蔵を以御歩小性組に被召出、御切米壱両・四人御扶持方被下置候。元和二年深谷之内前谷地村にて野谷地十町被下置、開発之地壱貫九百五十八文之所同七年長尾主殿を以拝領仕候。

義山様御代寛永十九年八月右蔵人病死仕、跡式無御相違拙者親金七に奥山与一左衛門を以被下置候。然所寛永廿一年御検地之節二割出目三百八十文被下置、高合二貫三百三十八文拝領仕候。

御同代右金七隠居仕度由願書物指上申候処、明暦三年六月早川先勘解由を以願之通被成下、御知行高二貫三百三十八文・御切米壱両・四人御扶持方無御相違拙者に被下置御黒印頂戴仕候。以上

延宝五年三月廿日

9 河東田甚之丞

一 拙者儀
綱宗様御代茂庭古周防を以万治二年御目見仕御国御番被仰付、無足にて御奉公相勤
御当代寛文九年四月廿日古内志摩を以、御切米二両・四人御扶持方被下置候。然処甥河東田善兵衛新田弐貫三百六
文之所拙者小進にて進退相叶不申、御番等相勤兼申候間右新田拙者に被下置候様に延宝三年二月願差上申候処、
同年九月朔日願之通被下置由柴田中務を以拝領仕候。当時御知行高二貫三百六文・御切米二両・四人御扶持方御
座候。先祖由来之儀は同苗善兵衛方より惣領筋に御座候て書出申候間、拙者方よりは書上不申候。以上
延宝五年三月晦日

10 一条惣兵衛

一 拙者実父一条惣兵衛儀伊達御譜代にて、従
貞山様伊達河内殿へ被相付御知行高三貫文被下置候。然処寛永十一年河内殿御死去被成、御名跡伊達兵部殿へ下中
共被進候処、
義山様御代兵部殿へ一之関にて五百貫文被遣候節、吉岡下中一宇被召連儀不被為成下中三ヶ一被召仕、其外は被相
除候故吉岡御蔵に罷成御知行被召上候。拙者儀

義山様御代津田近江を以御目見被仰付、寛永十五年桃生郡中津山村にて右御知行高四ヶ一上納苗代に被下、四ヶ三野谷地にて古内古主膳を以被下置候処、拙者儀は加美郡御鳥見御用被仰付、役所取移罷在候付、右拝領之野谷地高に開発仕兼、同十九年惣御検地之節御竿入、二貫二百九十七文之所、同二十一年御黒印頂戴仕御奉公相勤申候。御当代にも右御知行高之通被下置候。御黒印頂戴仕候。以上

延宝五年二月五日

11　木村弥左衛門

一　拙者親木村弥左衛門儀葛西牢人にて罷在候処、義山様御代寛永廿一年被召出、同年に野谷地拝領此起目二貫二百五拾壱文被下置候。御申次は不承伝候。寛永廿一年八月十四日之御黒印頂戴仕候。然処寛文二年十月親病死、同三年二月十三日跡式無御相違拙者に被下置旨奥山大学を以被仰渡候。右弐貫二百五十八文之御黒印頂戴仕候。以上

延宝五年二月十七日

12　御歩小性組　宮城作蔵

一　拙者祖父宮城主膳と申、元来当国譜代之者御座候。牢人にて罷在相果申候。右主膳嫡子拙者親同姓作蔵儀貞山様御代大町駿河を以御歩小性に被召出、御知行壱貫八百八十文被下置御奉公仕候。右被召出候年号不承伝候。然処親作蔵寛永六年病死仕候付、跡式無御相違拙者に被下置旨右駿河を以被仰付候。

義山様御代寛永年中惣御検地之節ニ割出目被下置、二貫二百五十八文之御黒印頂戴仕候。拙者幼少之時分親相果申候故委儀不承伝候。以上

延宝七年四月十日

13 小関久左衛門

一 拙者親小関蔵人米沢御譜代に御座候。拙者儀右蔵人次男に御座候。義山様へ正保二年五月三日山口内記・戸田喜太夫を以御奥小性に被召出、御扶持方四人分并御仕着被下置候。慶安二年御奥小性御免被成置御物置番被仰付、御切米六両と四人御扶持方被下置御仕着は被召上候。御当代寛文九年十月十七日野谷地七町拝領仕、自分開発地二貫百九十五文延宝三年九月朔日柴田中務を以被下置候。右取合御切米六両・四人御扶持方と弐貫百九十五文被下置候。御黒印は于今頂戴不仕候。以上

延宝五年正月廿九日

14 河東田三郎兵衛

一 拙者親河東田主馬儀男子無之付、遊佐次郎兵衛次男正兵衛聟養子に仕度旨義山様御代奉願候処、右願之通被成下旨茂庭古周防を以被仰付候。以後拙者出生仕候。親主馬儀慶安二年九月病死仕候。跡式御知行高五貫九百八十三文之所無相違、右正兵衛被下置之由同年十一月成田木工を以被仰渡候。拙者儀無足にて罷在候故、正兵衛拝領仕候御知行高之内弐貫百四十三文之所拙者に被分下、御奉公為仕度旨正兵衛并

親類連判を以奉願候処、右願之通被分下置之旨
御当代延宝三年三月四日小梁川修理を以被仰渡候。御黒印于今頂戴不仕候。拙者儀幼少之時分親主馬病死仕候故、
先祖被召出候品々不奉存候。委細主馬家督河東田正兵衛可申上候。以上
延宝五年四月十七日

15　山内喜右衛門

一　拙者親山内喜右衛門儀
貞山様御代被召出、御知行三貫文被下置伊達河内殿へ被相付候。誰を被召出候哉存不申候。其後大坂御陣へ河内殿
御騎馬十騎にて御陣立被成置候処、拙者親山内喜右衛門も十騎之内に罷成、御供仕罷登御奉公仕候処、寛永十年
十月病死仕候付て跡式無御相違拙者に被下置御奉公仕候処、同十一年七月河内殿御死去被遊候。其以後同十五年
霜月従
義山様桃生中津山村にて本高四分一上納苗代目被下置、残四分三は野谷地古内故主膳・鴇田駿河を以被下置候。同
十六年三月
義山様へ津田近江を以御目見仕候。右野谷地手前相叶不申候故起兼申候処、同十八年惣御検地並に御竿相入、二貫
百三十八文に罷成候。同廿一年八月十五日御黒印頂戴仕致御奉公候。寛文元年十一月
御当代之御黒印頂戴仕候。以上
延宝五年三月四日

16 朴沢勘右衛門

一 拙者先祖代々宮城郡国分之内朴沢村其外数ヶ所知行仕罷在候。委細品々兄同姓理兵衛申上候。拙者儀朴沢蔵人三男御座候。
義山様御代慶安三年古内故主膳を以被召出、御切米三両・四人御扶持方被下置江戸御納戸御奉公被仰付、十六ヶ年相勤申候。然処寛文八年野谷地新田拝領、起目之分御竿被相入二貫百十九文被下置之旨同十三年六月十八日小梁川修理を以被仰渡候。御黒印は于今頂戴不仕候。以上
延宝五年四月廿五日

17 樋渡伊兵衛

一 貞山様御代拙者祖父樋渡但馬米沢にて御奉公仕、其砌六貫文被下置候御朱印于今所持仕候。右但馬米沢より御供仕罷越候。其以前は不承伝候。
御同代伏見へ御詰被成之時分御供不仕衆は御知行御減少被成置候に付、其砌より二貫百文拝領仕候由承伝候。
御同代右但馬相果嫡子同名藤右衛門に家督無相違被仰付候。右藤衛門病死仕寛文三年十月十九日柴田外記・富塚内蔵允を以無御相違拙者に家督被仰付、大崎志田之御鳥見御役相勤罷在候。先祖家督被下置候年号・御申次は不承伝候。以上
延宝五年三月十一日

18　芦立十三郎

一　拙者儀芦立孫助次男に御座候て、無進退にて罷在候処、義山様御代被召出御切米二両・四人御扶持方慶安三年十月廿五日和田因幡・真山刑部を以被下置、御国御勘定方御奉公仕候。其以後兄同名半左衛門新田起目高之内二貫五拾七文之所拙者に被分下度旨、右半左衛門願上申候処、願之通被分下置之段、御当代寛文五年正月廿五日に柴田外記を以被仰渡候。都合弐貫五十七文并御切米二両・四人御扶持方御座候処、役目に付未埒《らち》成儀御座候間右御切米二両延宝二年三月被召上候。相残拙者進退二貫五十七文并四人御扶持方御座候。先祖之儀惣領に付、兄芦立半左衛門可申上候。以上

延宝七年二月十九日

19　渡辺覚右衛門

一　拙者親渡辺縫殿允と申者貞山様御代に被召出、御切米二両・四人御扶持方被下置御奉公相勤申候処、綱宗様御代隠居被仰付、万治三年三月十九日茂庭故周防を以家督無御相違被下置候。然処拙者親類に御座候草刈源兵衛拝領仕候新田起目之内、二貫五十六文拙者に被分下度旨右源兵衛願申上候処に、願之通延宝元年十月廿九日に大条監物を以被下置、当時拙者知行高二貫五十六文・御切米二両・四人御扶持方に御座候。以上

延宝四年十二月十一日

20　大和田長兵衛

一　拙者儀大和田加右衛門実弟に御座候処に明暦三年より御割屋加勢に罷出、寛文元年より竹木御印判之御役目被仰付寛文三年迄無足にて相勤、同四年に御切米壱両・御扶持方四人分富塚内蔵允・茂庭周防・大条監物御申次にて被下置、寛文六年・同八年に御切米二切宛之御加増、古内志摩・原田甲斐御申次にて二両四人御扶持方に被成下右御役目相勤罷在候。然処男子持不申候に付、吉岡九左衛門実三男八郎拙者家督に仕、右九左衛門知行高之内二貫五十六文之所指副分渡申度由双方連判を以願上申候処、延宝六年三月廿七日黒木上野を以願之通被仰付、当時拙者進退二貫五十六文と御切米二両・御扶持方四人分に御座候。先祖委細之儀は嫡子筋目に御座候拙兄大和田加右衛門申上候。以上

延宝七年六月廿五日

21　浜田長右衛門

一　拙者先祖御家御譜代御座候。誰様御代被召出候哉不奉存候。祖父浜田美濃従輝宗様御代御知行高五貫百四十二文被下置御奉公仕候。美濃病死仕父平内に家督無御相違被仰付候処、貞山様御代に惣侍衆御知行三ヶ一宛被召上候付、右高之内三貫四百二拾八文被召上残壱貫七百十四文被下置候由申伝候。

義山様御代寛永廿一年弐割出拝領仕、高二貫五十四文に罷成候。寛文元年親平内儀隠居願申上候処に願之通被成下

家督無御相違拙者に被下置之旨同二年に奥山大学を以被仰渡、右二貫五十四文之御黒印頂戴仕候。以上

延宝五年二月五日

22 御徒小性与 菅野太左衛門

一 拙者先祖伊達御譜代御座候。祖父菅野信濃迄は御代々御宿老役相勤申候。貞山様米沢に御在城之刻右信濃田村之御城代に被指置死去仕候。拙者親大炊助二歳に罷成候故、成人以後信濃名跡可被仰付之旨以御意、母方之祖父片倉参河被為預置候砌、御国替方々以年寄取失家督之儀不申上牧野大蔵手前御歩小性之御奉公に被召出、御切米五切銀十二匁七分五厘・四人御扶持方被下置候。其以後野谷地十町拝領仕起目壱貫七百文被下置候。右之品々親類に御座候松岡故清右衛門拙者親大炊助内々物語承置申候。拙者儀は、義山様御代古内伊賀を以寛永廿一年正月十九日大炊助跡式御知行壱貫七百文・御切米・御扶持方共に無御相違被下置、同年八月御知行割に二割増被下、知行高二貫四十文・御切米五切銀十二匁七分五厘・四人御扶持方にて御奉公仕候。以上

延宝五年三月十三日

23 樋渡九兵衛

一 拙者儀樋渡藤右衛門次男に御座候。

義山様御代被召出大崎御鳥見御役目被仰付候付、慶安五年三月廿二日御知行二貫三十二文所木村久馬を以拝領仕、

御広間御番牒に被相付御鳥見御役目相勤申候。先祖之儀は樋渡伊兵衛委細に申上候。以上

延宝五年三月十三日

24 冨田正七

一　拙者先祖会津譜代にて盛氏へ奉公仕候処、貞山様御代祖父富田孫左衛門被召出、御知行二貫二十二文被下置候。誰を以被召出候哉其段は不承伝候。孫左衛門病死仕候付願申上候処、家督無御相違嫡子拙者親半兵衛に被下置候。誰を以被下置候哉年号不承置候。半兵衛事御同代元和九年病死仕候。跡式拙者に被立下度旨願指上申候処、二貫二十二文之所無御相違被下置之由、鈴木七右衛門を以同年十一月廿日被仰付、其節御黒印頂戴仕候。以上

延宝五年三月十七日

25 飯塚作右衛門

一　拙者儀飯塚喜兵衛実弟に御座候処に、無足にて罷在候付、高泉長門を頼数年付居申に付、長門拝領知行所之内新田二貫文之所拙者に被分下度由願上申に付、延宝五年十月九日に願之通右二貫文之所小梁川修理を以拙者に被下置候。其上石川次郎左衛門御番組御広間被仰付候由右修理被申渡候。以上

延宝七年六月晦日

26　荒砥市左衛門

一　拙者先祖

御代々米沢御譜代に御座候て米沢荒砥と申所御知行に被下置御奉公仕候由承伝候。誰様御代誰を初て被召使候哉、祖父以前之儀不奉存候。祖父荒砥監物儀貞山様御供仕岩出山・仙台迄相越、御知行五貫三十六文被下置御奉公相勤病死仕候。嫡子監物に跡式無御相違被下置御奉公仕候処、大町駿河妹聟田手友泉と申者、駿河知行所一之迫に罷在候処、右友泉屋敷へ夜討相入手負数多罷出候。御穿鑿之上右悪党共同所狐塚屋鋪に数多引籠罷在候付、元和六年霜月大町駿河・鹿股図書に討取可申之由被仰付被指遣候。其節右監物儀駿河在所に罷在駿河所へ別て出入仕候。依因彼地へ罷越、右悪党共引籠罷在候屋内へ先掛に相入討果て申候。跡式元和七年に原田甲斐を以拙者三歳に罷成候節無相違被下置、私幼少に付右監物弟同氏正三郎に拙者番代被仰付寛文十一年迄右正三郎御奉公仕候。御知行高十貫文以下被下置候侍之分より御知行三ヶ一宛御借分に被召上由被仰付、高五貫三十六文之内三貫三百五十八文寛永四年に被召上、残壱貫六百七十八文にて御奉公仕罷在候。其後

貞山様御在江戸被遊候時分、右御知行三ヶ一被召上候者共連判仕、茂庭故周防を以御訴訟申上候付御返被下候。其節右正三郎儀中気相煩三之迫在郷に罷在、右御訴訟申上候段も不存連判相除申候故拝領不仕候。右正三郎儀寛永十一年に病死仕候。拙者儀寛永十二年に亘理伯耆を以拙者十五歳に罷成候節御奉公被仰付御国御番相勤申候。寛永二十年御検地之上二割出目三百二十二文被下置、本高壱貫六百七十八文取合高二貫文に被成下候。寛文六年より御人足指引御用江戸御国共被仰付、毎日役所詰御用当年迄十四ヶ年相勤申候。延宝三年三月為御加増二人御扶持

方被下置由柴田中務を以被仰渡、高二貫文と御扶持方二人分に被成下候。拙者御番所御広間に御座候。以上

延宝七年六月十九日

27 成田平左衛門

一 拙者兄成田十兵衛儀成田平左衛門次男に御座候処、義山様御代明暦三年六月之内鈴木主税・内馬場蔵人を以御切米壱両・四人御扶持方被下置、大崎御鷹野場御鳥見役目被仰付十ヶ年程相勤申候処、病人に罷成右御役目御免被成下御国御番被仰付候処に、寛文七年六月病死仕候。然処実子持不申候付拙者儀右十兵衛実弟に御座候間苗跡に被成下度由奉願候処、右御扶持方之内壱人分被召上、御切米壱両三人御扶持方拙者に被下置旨、寛文八年八月八日原田甲斐を以被仰付候。拙者儀病人に罷成実子も持不申、内馬場正兵衛次男養子家督に申合度由、勿論右正兵衛知行十壱貫二百七十九文之内二貫文拙者進退へ指添被分下置度旨双方親類共連判願之覚書を以申上候処に、延宝五年六月三日に柴田中務を以願之通被仰渡、当時私知行高二貫文御切米壱両・三人御扶持方に御座候。以上

延宝七年六月十五日

28 伊藤七兵衛

一 私祖父伊藤壱岐儀は田村御譜代に御座候。拙者親弥左衛門儀は壱岐三男、病人不行歩にて御奉公相叶不申候故、無足にて罷在候処、

義山様御代拙者牢人之内より御村方御普請御用相務申に付、先真山刑部明暦二年霜月桃生郡小舟越村野谷地拝領取立申内、拙者に同野谷地五町為分取申度由、山本故勘兵衛を以御披露申上候処願之通被成下旨、真山刑部を以右同年十二月十九日被仰渡候。万治二年十月二日御竿入起高二貫文寛文元年十一月十六日御黒印頂戴仕候。然処に同八年八月十七日に古内志摩御披露御番所御次之間に被成下候。御村方御奉公三十二ヶ年于今相勤罷在候。先祖委細之儀は同名十三郎方より可申上候。以上

延宝五年二月十七日

29　武田玄通

一　拙者儀牢人にて罷在候処、富田二左衛門に由緒有之付二左衛門知行高之内二貫文被分下御奉公為仕度段奉願候処に、願之通被分下御次医師御奉公相勤可申由延宝五年六月柴田中務・小梁川修理を以被仰渡候。以上

延宝七年六月十三日

30　小関茂兵衛

一　拙者儀小関正兵衛次男に御座候。無進退にて罷在候処に、先小島加右衛門御分領中御普請方指引御役頭相勤申候節、拙者儀物書役目に召使申度由、公儀へ相窺申上、慶安二年より寛文元年迄十三ヶ年右加右衛門へ付副御用相勤申候。依之右加右衛門方より願差上候上、同人御知行高之内新田起目二貫文、御当代寛文二年五月廿五日奥山大学を以被分下置御黒印頂戴仕候。右之品委細当加右衛門方より可申上候。右御知

行二貫文所持仕候処、寛文二年より江戸御勘定衆御役目被仰付候。然処兼て江戸御勘定衆へ被下置候進退並より不足に御座候付、御役目付之為御加増御扶持方七人分
御当代寛文五年霜月六日・同七年十月十一日柴田外記・富塚内蔵允・古内志摩を以被下置候。取合御知行二貫文御扶持方七人分に被成下、並御勘定衆御役目相勤申候処に、延宝六年より統取御役目被仰付、御役目付之為御加増御切米小判二両、延宝七年五月十五日柴田中務・大条監物・佐々伊賀を以右六年分より被下置候。右取合御知行二貫文と御切米小判二両・御扶持方七人分に被成下、当御役目御奉公相勤申候。先祖御譜代之品同名兵左衛門方より委細申上候。以上

延宝七年九月十三日

31 遠藤弥七

一 拙者儀遠藤三郎右衛門次男に御座候。無進退にて罷在候付、右三郎右衛門知行高之内二貫文拙者に被分下度旨延宝五年九月願上申候処、無御相違願之通被成下片平助右衛門御番組御次之間御番所被仰付候旨、同年十一月九日小梁川修理を以被仰渡候。当時奥山勘解由手前物書御用被仰付相勤罷在候。先祖之儀は同氏三郎右衛門可申上候。
以上

延宝七年三月廿七日

32 山田助太夫

一　拙者儀山田吉之丞実弟無足にて罷在候処、吉之丞知行高三十六貫文之内弐貫文拙者に被分下度由奉願候処に、延宝六年十一月十六日に黒木上野を以願之通二貫文拙者に被分下御番所御次之間御番相勤申候。先祖之儀は同氏吉之丞方より可申上候。御黒印于今頂戴不仕候。以上

延宝七年七月廿七日

33　間宮次左衛門

一　拙者儀間宮彦兵衛次男に御座候て無進退にて罷在候処、御当代右彦兵衛知行高之内壱貫文、拙者実弟但木弥兵衛知行高之内壱貫文、右両人取合二貫文之所拙者に被下置度趣、先達品々願申上候処に、願之通無御相違寛文十二年六月七日古内志摩を以被仰渡御黒印頂戴仕、当時遠山次郎兵衛御番組にて中之間御番相勤申候。拙者先祖之様子は右彦兵衛嫡子半左衛門方より申上候。以上

延宝五年四月九日

34　遠藤三助

一　拙者儀遠藤又右衛門実次男に候て無足にて罷在候処、右又右衛門知行高之内二貫文拙者に為分取、御奉公をも為仕度段、奉願候処、願之通延宝六年霜月黒木上野を以被仰渡、御知行二貫文被分下次之間御番所被仰付候。先祖之儀は又右衛門委細申上候。以上

延宝七年七月廿一日

35　国分源蔵

一　誰様御代より拙者先祖御奉公仕、御知行被下置候哉其段は不承伝候。

御先代様より御判物被下置候通申上候。

兵部権少輔様より出羽国置賜郡永井庄萩生郷之内四十九貫八百四十八文、私先祖国分彦四郎入道に被下置候嘉慶四年七月四日之御判物所持仕候。

沙弥円孝様より陸奥国苅田郡平沢郷国分河内道に被下置候応永九年十一月晦日之御判物所持仕候。但御知行高は無御座候。

兵部少輔氏宗様より右同所国分河内入道に被下置候応永十四年三月十五日之御判物所持仕候。

大膳太夫持宗様より陸奥国信夫庄保木田郷之内一宇須河波田国分筑後に被下置候文安二年十月十七日之御判物所持仕候。但御知行高は無御座候。御加増之様に御文言相見申候。

千代松丸様より出羽国最上郡之内栗生田郷国分河内に被下置候文正二年十一月吉日と御座候御書取持仕候。御判は無御座候。勿論御知行高も無御座候。

晴宗様より、萩生郷之内南方浜田与七郎知行之分一宇被下置候天文十二年七月三日之御日付にて拙者曽祖父国分源蔵に被下置候御判物所持仕候。但御知行高は無御座候。是も御加増之様に御文言相見申候。

貞山様米沢に被成御座候時分拙者祖父国分民部相果申候処、私親同氏宮内幼少之時分に御座候故、御知行高被相減候由申伝候。高何程に御座候哉不承伝候。

貞山様米沢より御当地北目へ御移被成置候時分、惣御下中衆御知行被相減候刻同氏宮内知行高も被相減候由申伝候

得共、是又何程之高に御座候哉不承伝候。将又岩出山にて屋代勘解由御留守居被申候時分、伏見へ相詰不申侍は、御知行高之内半分又は三ヶ一何も借上可申由被申渡、拙者親宮内知行十壱貫文に罷成候。

貞山様御黒印は
義山様御代に御蔵へ被召上候。且又
貞山様御代新田拝領仕候起目、
義山様御代に罷成御竿被相入、本地共に十六貫文之高に被成下候。然処拙者儀不届仕進退被召上蒙御勘気罷在候処に、先年
権現様御遷宮之砌御勘気御免被成下候得共、拙者儀に御座候故進退之御訴訟申上候儀早速は遠慮仕候内、
義山様御他界被成置候付弥延引仕候処、半田内蔵助拙者近親類御座候付、其身拝領仕候新田起目之内二貫文拙者に被分下度由延宝元年に内蔵助申上候処、右如願之被仰付之旨同年十一月四日に大条監物被申渡、只今二貫文之知行高に御座候。以上

延宝五年二月四日

36　但木半之丞

一　拙者儀但木源左衛門実三男に御座候。進退持不申候付、源左衛門御知行高二十八貫二十九文之内二貫文之所拙者に被成下度段右源左衛門願申上候処に、如願被分下旨延宝五年閏極月廿五日小梁川修理を以被仰渡候。同六年正月御番所被仰付被下度段願申上候。依之同年三月廿七日御広間御番被仰付相勤申候。拙者先祖之儀は親源左衛門

委細申上候。以上

延宝七年三月廿九日

37　松崎三之助

一　拙者御奉公仕候品兄同名吉左衛門知行三十四貫五百四文之内二貫文拙者に為分取申度旨、右吉左衛門願之書物延宝三年三月相出候処、如願被仰付之旨同年五月十七日柴田中務を以被仰渡候。委細先祖之儀は右吉左衛門方より可申上候。以上

延宝七年二月廿九日

38　里見源右衛門

一　拙者親最上牢人に御座候。拙者儀明暦元年義山様御代御歩小性に被召出御国江戸御用七ヶ年相勤候処、寛文三年五月三日兄里見久兵衛病死仕実子久兵衛幼少に御座候故、跡式御番代仕右久兵衛成人仕候砌、久兵衛に被下置候御知行高之内二貫文拙者に被分下度段、親類共願申上候通右同年七月奥山大学を以右願之通被仰渡候。右組付之御扶持方・御切米は其節被召上、御番代十ヶ年相勤罷在候。延宝三年十二月十一日先年願之通高二貫文之所、拙者に被分下段小梁川修理を以被仰渡、于今御黒印は頂戴不仕候。以上

延宝五年三月二日

39　野村善兵衛

一　拙者親野村長左衛門儀先年御知行二貫三十二文被下置古川御鳥見御用被仰付数年相勤申候処、承応元年正月病死仕拙者二歳に罷成候節にて跡式相禿申候。依之拙者儀延宝三年迄二十四ヶ年縁者之親類共介抱にて罷在及飢命申仕合に御座候故、延宝三年六月右長左衛門御知行被返下、跡式被相立被下度旨縁者之者共願申上候付、願之通拙者に御知行二貫文被返下之由延宝四年二月廿九日柴田中務を以被仰付候。以上

延宝四年十二月十二日

40　蜂谷権左衛門

一　拙者儀蜂谷市郎兵衛実弟に御座候処、無足にて罷在候付、高泉長門を頼数年付居申候付、長門拝領之知行高之内新田二貫文之所拙者に被分下度由願上申に付、延宝五年十月九日願之通右二貫文之所、小梁川修理を以拙者に被下置候。其上大町備前御番組御次之間被仰付候由右修理被申渡候。以上

延宝七年三月廿八日

41　御徒組　岡崎太右衛門

一　拙者儀

貞山様御代寛永九年御不断衆に被召出、御切米三切・三人御扶持方被下置候。十六年迄八ヶ年江戸御留守御番御国共に御奉公仕候。同十七年御不断衆組御免被成、成田木工を以御歩行衆に被食出、御切米壱両二分・四人御扶持

方被下置、其以後一切御加増被下置二両四人分に被成下候。同年正月宮城之内利府本郷にて野谷地新田四年之荒谷に申受、正保三年に御竿被相入起目高壱貫九百八十七文之所、

義山様御代被下置候。年号・御申次は致失念候。寛永九年より当年迄四十六ケ年江戸御国共御奉公仕候。拙者進退高壱貫九百八十七文と御切米二両・四人御扶持方に御座候。委申上度候得共、拙者儀老衰其上跡々之儀可承合親類無御座候付有増如此申上候。以上

延宝五年三月五日

42　石井権兵衛

一　拙者祖父石井雅楽助と申者

貞山様より伊達河内殿へ被相付御奉公仕候。二男拙者親石井権兵衛儀河内殿にて御知行五貫八百十三文之所被下置御奉公仕候。河内殿御死去御遺跡無御座に付傍輩並に右進退被召上

義山様御代寛永十五年鴇田駿河を以右権兵衛被召出、桃生郡中津山村にて御知行高三貫文之積に被成下三貫文之内四分一上納四分三は野谷地之割下、致開発御知行高に可仕之由被仰付候処、親権兵衛寛永十八年八月十日病死仕苗跡拙者に被仰付、改名権兵衛に被成下候旨寛永十八年十一月鴇田駿河を以被仰付候。右御知行同年に御竿入壱貫九百六十九文之所同廿一年八月十四日古内故主膳を以被下置引続拝領罷在候。先祖之儀は祖父雅楽助苗跡石井五郎右衛門方より委細可申上候。以上

延宝七年二月廿七日

43　村田六右衛門

一　拙者儀村田志摩実弟に御座候て無足にて罷在候処、右志摩知行高之内にて新田起目壱貫九百六十七文拙者に分為取、御奉公為仕度旨綱宗様御代に願申上候処、右志摩如願被分下置旨万治三年三月十八日に奥山大炊を以被仰付候。勿論御黒印頂戴仕候。当知行高壱貫九百六十七文に御座候。以上

延宝七年二月廿九日

44　丹野孫作　御徒小性与

一　拙者親同氏孫作儀貞山様御代御歩小性に被召出、御切米壱両・四人御扶持方被下置御奉公相務申由に御座候。其以後義山様御代野谷地三町被下置、御竿入高壱貫九百六十二文之所、明暦二年正月廿二日山口内記・真山刑部を以被下置候。親孫作儀寛文八年五月病死仕候。拙者儀嫡子に御座候付、家督被仰付被下置度旨、和田半之助方へ以覚書申達候得ば、御知行高壱貫九百六十二文と御切米壱両・四人御扶持方無御相違被下置之旨、寛文八年十二月廿七日柴田外記を以被仰渡候。以上

延宝五年三月二日

45　真山藤兵衛

一　拙者親真山藤兵衛儀、

貞山様御代被召出、御切米二両・四人御扶持方被下置御米請取渡方御用相勤申候。

御当代に罷成寛文六年三月廿二日、一之迫刈敷村・二之迫城生野村両村にて野谷地三町六反分拝領仕候。其後寛文九年閏十月廿九日志田福沼村野谷地八反歩拝領仕、右藤兵衛寛文十年八月廿四日病死仕、右家督寛文十一年正月十五日古内志摩を以被下置、拙者儀江戸御勘定役目相勤申候。右二ヶ所野谷地自分開起高壱貫五百七十九文之所は寛文十一年五月八日古内志摩を以被下置候。三百六十八文之所は小梁川修理を以延宝三年九月朔日に被下置、弐口合壱貫九百四十七文と御切米二両・御扶持方四人分に御座候。右藤兵衛被召出儀年久御座候得ば誰を以何時被召出候哉然と不奉存候。以上

延宝五年三月十一日

46　阿部十右衛門

一　拙者親十三郎儀阿部将監次男に御座候付、将監隠居分に被下置候跡式高三貫文伊達河内殿より被下置御奉公仕候。然処河内殿御遠行被遊御家督無御座候付一往牢人に罷成候。

義山様御代鴇田駿河を以十三郎可被召出旨被仰出候得共、十三郎儀病人にて御奉公も不罷成躰に御座候間、右同人を以拙者被召出本知行四ヶ一上納苗代目に被下置、桃生郡中津山村御新田へ取移野谷地開発、本知行高に可仕由被仰付候。寛永年中に御座候。何年と申事覚不申候。小進にて本知行高程開発仕兼、寛永十八年之御検地に高壱貫九百四十六文之所同廿一年八月於御蔵に御黒印頂戴仕候。

御当代御黒印も寛文元年に頂戴所持仕候。先祖委細之儀嫡子筋目に付阿部三右衛門方より申上候。以上
延宝五年二月五日

47 今村勘兵衛

一 拙父今村勘兵衛儀
貞山様御代佐々若狭・茂庭石見を以被召出、御切米壱両・御扶持方三人分被下置御不断組御奉公相勤申内、大坂御陣へ両度御供其上高名仕由にて、右御切米御扶持方被召上別て御知行壱貫六百十六文被下置、其上組之御奉公御免被成下御国御番相勤申候。其節誰御申次を以右之通被成下候哉年号不奉存候。
義山様御代惣御検地之節二割出目三百二十四文被下置、右本地高合壱貫九百四十文に被成下候。右勘兵衛儀寛文元年に隠居之願申上、願之通被仰付、跡式無御相違拙者に被下置之旨奥山大学を以同二年五月十日に被仰渡、当時拙者御知行高壱貫九百四十文之御黒印頂戴仕候。先祖之儀は今村惣兵衛方より可申上候。以上
延宝五年正月晦日

48 林八郎兵衛

一 拙者親林道因儀異国者に御座候。寛永十四年於江戸に
義山様へ被召出、御近習御衣躰衆並御相伴等被仰付候。御切米八両・七人御扶持方被下置、同年極月為御加増七人御扶持方古内主膳を以被下置、御切米八両・十四人御扶持方に被成下候。右道因誰を以被召出候哉不承伝候。且

又拙者儀

義山様御小性組に被召出、四年無足にて御奉公仕候処慶安四年に古内故主膳を以、御切米六両・四人御扶持方被下置、江戸御国共無懈怠

御一代相勤申候。

綱宗様御代に罷成道因老衰仕に付、隠居之願申上道因に被下置候御切米御扶持方嫡子八郎兵衛に被下置、右八郎兵衛に被下置候御切米御扶持方は次男同氏三右衛門に被下置度由、中古内主膳を以申上候得ば道因に被下置候御切米御扶持方は拙者に被下置、拙者に被下置候御切米御扶持方三右衛門に可被下置候得共、

御代初にて御引懸に罷成候儀如何に被思召候間、先以道因隠居分に被下置候由万治三年に右主膳を以被仰付候。同三年六月道因中気仕に付、隠居分に被下置候六両四人分之所、次男三右衛門に被下置度と右主膳を以申上候得ば

御隠居被遊砌にて、御取上被成候儀不被為成由にて、同年八月道因相果申候節被召上候。且又寛文九年に塩竈之内吉津浜にて海新田二町拝領仕自分開発仕、起目壱貫九百拾文延宝六年十月十九日に黒木上野を以被下置之旨被仰渡候。然処右八両拾四人御扶持方之内二両四人御扶持方三番目之弟同氏正左衛門に被分下置、御番等被仰付被下置度と願申上候付、延宝七年六月願之通被仰付之旨柴田中務を以被仰付候。依之拙者御切米六両・十人御扶持方新田壱貫九百拾文之高に御座候。以上

延宝七年九月十日

49 氏家半六

一　拙者儀氏家次郎右衛門次男に御座候。然処義山様御代承応二年、黒川郡大谷之内於羽生村野谷地真山刑部・山口内記を以親次郎右衛門致拝領、起立御竿入高壱貫八百七十二文に罷成候。右新田高之分拙者に相渡、御奉公為仕度旨山口内記を以義山様御代申上候処、如願之右内記を以拙者に被下置候。年月覚不申候。勿論御当代右高無御相違寛文元年十一月十六日に御黒印奉頂戴所持仕候。以上

延宝五年正月廿五日

50　金成七平

一　拙者儀金成甚蔵二男に有之処に、寛文七年八月十九日御切米二両・四人御扶持方被下置、渋川助太夫手前物書に被召出旨、柴田外記被申渡致勤仕候。延宝元年二月廿八日より柴田中務手前物書御用相勤候処、同三年十二月廿七日以御加増本御切米御扶持方取合御切米五両・七人御扶持方に被成下旨、小梁川修理被申渡引続致勤仕候処、同六年正月廿五日御前御右筆被仰付旨右修理被申渡候。然処依親類に猪狩八兵衛先年於柴田郡河内村拝領之野谷地起目之内壱貫九百文之所拙者に被分下度旨右八衛奉願候付、如願之拙者に被分下旨同六年十月廿二日於江戸に右修理被申渡、拙者進退知行壱貫九百文・御切米五両・七人御扶持方に御座候。以上

延宝七年九月十三日

51　山崎正左衛門

一　拙者先祖岩城牢人之由承伝候。貞山様御代山崎対馬子次男拙者親正左衛門何午に誰を以被召出候哉承伝不申候。御切米五両・五人御扶持方被下置、御納戸小道具御役目被仰付、京都江戸御供仕、数年御奉公申上候。然処明暦二年三月廿日に親正左衛門病死仕、同年四月三日に山口内記を以跡式無御相違拙者に被下置候。以後延宝元年十月廿七日に山田五郎兵衛知行高之内壱貫八百五十九文之所右五郎兵衛次男又兵衛に被下置、拙者聟苗跡に仕度由奉願候処、同年十一月廿日柴田中務を以願之通被仰付候。拙者進退御切米五両・五人御扶持方と壱貫八百五十九文に御座候。御黒印は于今頂戴不仕候。以上

延宝五年五月六日

52　島津平右衛門

一　拙者儀島津下総五男無進退にて罷在御村御用等三十二、三ヶ年相勤申候。然処兄喜左衛門拝領新田起目壱貫八百六十六文之所拙者に被下置度由右喜左衛門願申上候処に、願之通延宝六年十月十八日に黒木上野を以拙者に被下置候。御黒印于今頂戴不仕候。御番所御広間被仰付候。先祖之儀嫡子文右衛門家督伝兵衛方より申上候。以上

延宝七年八月廿日

53　御歩小性組　虎岩善兵衛

一　拙者兄虎岩長作儀

貞山様御代御歩小性衆に被召出、御切米壱両・四人御扶持方被下置義山様代寛永十七年栗原郡之内北宮沢村野谷地新田申請、此起目六百六十四文之所正保元年富塚内蔵允・奥山大学を以御知行高に被成下右起残之野谷地引続同二年拝領仕候処に、長作儀慶安元年二月十四日病死仕候。実子無御座候付、拙者を家督に仕度段願指上申に付て跡式御知行御切米・御扶持方同年四月十九日願之通山口内記を以拙者に被下置候。右起残之野谷地拝領申候処、此起目壱貫百九十文慶安二年山口内記を以拙者に被下置、都合壱貫八百五十四文之知行高に被成下御黒印頂戴所持仕候。以上

延宝五年正月十六日

54　御歩小性組　国分喜兵衛

一　拙者親国分喜兵衛儀

貞山様御代奥山故大学を以御歩小性組に被召出、御切米壱両二分銀四匁・四人御扶持方被下置御奉公相勤申候。然処寛永九年に名取郡手倉田村にて野谷地御買新田拝領仕、御礼金指上申候て起高壱貫八百二十九文之所同十八年に被下置候。御申次は不承伝候。寛永廿一年八月十四日御黒印致頂戴所持仕候。寛文三年八月十日右喜兵衛病死仕候。同四年二月十三日家督無御相違拙者に被下置之旨古内志摩を以被仰付、御黒印奉頂戴所持仕候。以上

延宝五年四月十九日

侍衆

御知行被下置御牒（五十六）

壱貫八百文より
壱貫三百十壱文迄

1 棟形玄碩

一 拙者祖父棟形清右衛門と申者田村御譜代御座候。御北様御当地へ御出に付致御供参候。御北様御遠行已後貞山様御代御切米壱両・三人御扶持方被下置、御奉公仕候由承伝候。拙者親棟形二左衛門十歳之時右清右衛門病死仕候故、先祖之儀委細不奉存候。拙者親二左衛門儀貞山様御代寛永十年二月只野図書を以被召出、御切米壱両・四人御扶持方被下置兵部殿へ被相付、慶安二年六月地形壱貫八百文被相直候。右二左衛門歳罷寄候付寛文元年八月十三日隠居仕家督拙者相続仕候処、兵部殿進退相禿候已後寛文十二年六月十九日に仙台へ可罷登由山口武左衛門を以被仰付、同月廿三日古内志摩を以壱貫八百文無御相違被下置御次衣躰並に被仰付候。以上

延宝五年三月二日

2
御不断組
寺島金三郎

一貞山様御代に亡父同氏彦惣儀被召出、御切米四切半・御扶持方四人分被下置御不断組御奉公仕候。被召出候節之年号・御取次相知不申候。兵部殿御幼少之節佐々若狭を以被相付、兵部殿へ御奉公相勤寛永拾六年右御切米御扶持方御知行高壱貫五百文被直下寛永年中惣御検地之節二割出目三百文被相加壱貫八百文被成下候。彦惣病死拙者家督相続仕、兵部殿流人被仰付候以後寛文拾弐年六月廿九日大松沢彦左衛門を以被召出、右御知行無御相違本地壱貫八百文被下置新御名掛組被仰付候。亡父彦惣儀貞山様御代御不断組之御奉公申上候品書物を以奉願候処、延宝元年八月十五日柴田中務を以布施孫右衛門組御不断衆に被仰付候。以上

延宝五年正月十一日

3
新御名懸
東城清右衛門

一私先祖飯坂御譜代之由承伝候。親東城清右衛門儀伊達河内殿へ御奉公仕、其後伊達兵部殿へ御奉公仕、御知行廿七石申請罷有候。其身老後に御座候付寛文十年二月隠居之願申上候得ば、無御相違家督拙者被仰付引続御奉公仕罷有候。然処寛文十一年兵部殿御預被仰付候付て被召出、同拾弐年六月廿八日大松沢彦左衛門御申次を以御知行壱貫八百文被下置旨被仰渡致拝領新御名懸に被仰付候。以上

延宝七年八月廿七日

4 斎藤佐五右衛門

一 拙者儀無足にて罷有候付、同苗兄久右衛門野谷地新田壱貫七百九拾壱文之所拝領仕候を拙者に被下置、御奉公仕候様被成下度由寛文七年願申上候処、同年十月廿五日古内志摩を以如願之被仰付御番等相勤申候。以上

延宝五年二月七日

5 黒田助左衛門

一 拙者先祖米沢御譜代御座候由承伝候得共、誰様御代被召出候哉其段は不存候。祖父屋代将監不慮之儀を以進退被召上親久右衛門迄浪人にて罷有候処、拙者儀義山様御代慶安弐年香味但馬手前万御用御留物書に山口内記を以被召出、御切米四切・四人御扶持方被下置御奉公相勤申候処、新田弥市右衛門京都御買物御用并江州御郡司被仰付被為相登候砌、右弥市右衛門物書被仰付罷登候時分為御加増御切米弐切被下、六切四人御扶持方に被成下候。其後古内中主膳物書に被相付、御奉公相勤申候処綱宗様御代に為御加増御切米拾四切・三人御扶持方被下置、合小判五両・七人御扶持方被成下、主膳手前物書役御免被成候已後御番所御次之間被仰付候。其已後新に御腰物小道具役被仰付江戸御奉公仕候処、小身にて相勤兼申躰御座候故親類長命彦左衛門拝領之起目新田之内壱貫七百八拾八文之所拙者に分被下置、御奉公為相続申度旨茂庭周防・津田玄番・古内造酒祐を以右彦左衛門方より奉願候処、願之通被成下之旨御当代寛文九年二月十一日津田玄番を以被仰付御知行高壱貫七百八拾八文御座候。御黒印致頂戴候。并御切米小判五両・七人御扶持方に御座候。拙者名字黒田と改申儀は母方之名字御座候故最前被召出候節より相改申候。以上

延宝五年二月廿七日

6　富沢甚兵衛

一　拙者先祖田村御譜代にて三春之内北方富沢と申所代々領知仕、私高祖父富沢玄番同嫡子曽祖父同氏伊賀代迄引続
右富沢舘に居住仕候内
貞山様へ御軍事御奉公仕候付右玄番伊賀に御直書両通被下置候。其上被属会津郡中御掌握御入部被遊候節、御祝儀
為可申上曽祖父伊賀会津へ御目見参上仕候処、自今以後は節々上下可仕候間、上下馬之喰料に被下置之由にて、
広瀬分まて塚《ママ》五貫文之所天正十八年卯月四日之御日付にて、御判無し御自筆之御下文致頂戴右御直筆共三通于今
拝持仕候。田村御後嗣無御座右御家断絶に付て
御同代被召出進退被下置御奉公相勤申由御座候。何年に誰を以進退何程被下置候哉其段不承伝候。右伊賀病死仕嫡
子同氏彦右衛門家督被仰付御奉公仕候処、彦右衛門儀壮年にて病死仕家督之子無之苗跡断絶仕候。私祖父同氏太
兵衛儀右伊賀次男に候処、
貞山様御代御歩小性組に被召出、御知行七百七拾四文并御切米弐両壱分・四人御扶持方被下置、其已後野谷地申受
自分開発新田九百六拾四文之所致拝領、本地合壱貫七百三拾八文之高被成下之由何年誰を以右進退被下置候哉、
勿論新田起目被下置候年号・御申次共不承伝候。右太兵衛儀年久御歩小性組頭役目相勤申候付、寛文四年大町権
左衛門を以右御書共差出先祖宜御奉公も仕候条、御組御赦免被成下度旨申上候処、如願御組御免被成下候。寛文
八年隠居願申上候処如願被仰付、同年八月廿九日家督無御相違嫡子同氏甚左衛門被仰付、江戸御進物番被仰付致

勤仕候処、寛文十三年三月病死仕男子無之女子有之候付、拙者儀は須田次郎左衛門二男に候て、右甚左衛門甥有之付て、右娘拙者を取合苗跡被仰付被下置度由奉願候処、延宝弐年十月廿八日小梁川修理を以右甚左衛門家督無御相違拙者に被下置候。私御知行高壱貫七百三拾八文・御切米九切・四人御扶持方に御座候。以上

延宝五年三月廿一日

7 男沢与兵衛

一 拙者儀男沢隼人次男御座候て無足にて罷有候処、右隼人嫡子兄同名甚左衛門承応三年大田村にて野谷地拝領仕、高壱貫百六拾三文之所拙者被下置度由、右甚左衛門木村久馬を頼入願差上申候処に、如願拙者被下置之由綱宗様御代万治弐年古内中主膳を以被仰付、右貫高御黒印頂戴、御広間御番仕候。先祖之儀惣領筋目同氏甚左衛門可申上候。以上

延宝五年三月廿日

8 紺野伝右衛門

一 拙者先祖伊達御譜代に御座候。誰様御代先祖誰を被召出御奉公仕候哉、且又進退何程被下置候哉、其段は不承伝候。祖父紺野但馬と申者、従貞山様伊達河内殿へ被相付、河内殿にては御知行三貫文・六人御扶持方被下置馬上にて御奉公仕候。然処河内殿御死去御遺跡無御座候付傍輩並に右進退被召上候処

義山様御代寛永拾五年古内故主膳を以右但馬被召出、桃生郡之内中津山村にて御知行高三貫文之内四分一は上納、四分三は野谷地被割下、起立知行高可仕由被仰付候得共、同十八年之御竿前に右之野谷地起兼申候て上納、取合壱貫六百八拾七文之所同廿壱年八月十四日に右主膳を以拝領仕候。然処右但馬寛文弐年四月五日病死仕、但馬嫡子拙者親善右衛門病人御座候付跡式拙者被立下候様に願申上、願之通拙者右知行高無御相違被下置旨同年六月十日奥山大学を以被仰付候。其以後拙者嫡子同氏十兵衛儀拙者為御番代御老中御手前御留付役被仰付相勤申候付て御扶持方三人分為御加増、延宝二年十二月廿五日小梁川修理を以被下置、都合壱貫六百八拾七文・御扶持方三人分御座候。以上

延宝五年二月廿五日

9　永倉吉三郎

一　拙者祖父同氏作内、従

貞山様御知行三貫文被下置、河内守殿へ被相付御奉公仕候。祖父相果引続親作内御知行無御相違被下置候。河内守殿御遠行後無足に罷成候処

義山様へ寛永拾五年霜月廿日鴇田駿河を以被召出、野谷地二町四せ廿歩起目新田壱貫六百三拾三文被下置候処、右之野谷地悪地にて其上小身之身分御座候故、起立申儀不罷成候付相捨申候。起目壱貫六百三拾三文にて御奉公仕候。親作内延宝弐年十月廿八日に小梁川修理・大条監物を以隠居被仰付家督無御相違拙者に被下置候。以上

延宝四年極月十三日

10 大内小兵衛

一 拙者先祖
誰様御代誰を初て被召出候哉、養祖父以前之儀は相知不申候。拙者養祖父大内掃部儀
義山様御代には御切米二両・四人御扶持方被下、御勘定方御奉公相勤申候。然処右掃部儀男子無之候付私兄左平次
儀苗跡仕、掃部儀隠居仕度由奉願候処、願之通被仰付掃部隠居跡式弐両・四人御扶持方無御相違右左平次に被下
置、引続御蔵方御奉公相勤申候。何年誰を以苗跡相続被仰付候哉、年号・御申次共に相知不申候。右左平次儀
義山様御代慶安四年病死仕苗跡相続可仕男子無之に付、拙者儀右左平次実弟に候間、家督被仰付被下置度由奉願候
処、拙者幼少之儀に御座候故歟弐ヶ年相延、承応三年に山口内記を以、跡式無御相違拙者被下置、引続御蔵方御
奉公相勤申候処、寛文元年奥山大学手前物書御用被仰付、大学御役目御免以後、寛文三年に御番入被仰付候処、
奥山市左衛門へ兼て出入仕に付右市左衛門拝領新田起目之内壱貫六百文拙者に分為取申度旨市左衛門願上、延宝
三年九月朔日に柴田中務を以願之通拙者被分下、当時私進退高壱貫六百文と御切米弐両・四人御扶持方御座候。
以上

延宝五年二月十日

11 金子平右衛門

一 拙者儀
義山様御代承応三年定御供御奉公に山本勘兵衛を以被召出、明暦三年迄三ヶ年無進退にて御奉公相勤申候。同年九

月十六日御切米弐両・四人御扶持方右勘兵衛を以被下置候。
御当代寛文七年正月十一日御切米弐両御加増古内志摩を以被仰渡、御切米四両・四人御扶持方被成下候。寛文九年野谷地申請新田起目壱貫六百廿三文之所、延宝元年十月廿九日小梁川修理・黒木与市御披露を以被下置候旨、右修理を以被仰付候。拙者御知行高壱貫六百二拾三文と御切米四両・四人御扶持方御座候。以上
延宝五年三月十七日

12 御歩小性 藤田源左衛門

一貞山様御代拙者儀寛永八年極月御歩小性衆に小梁川権三郎を以被仰付、御扶持方四人分・御切米五切銀七匁被下置候。
義山様御代御蔵新田久荒申請開発仕候。右高壱貫六百二拾三文正保四年十月十七日に山口内記を以拝領仕御黒印頂戴仕候。以上
延宝四年極月廿日

13 菅野八之助

一　拙者親菅野八郎兵衛儀
義山様御代御歩行衆被召出、御切米弐両・四人御扶持方被下置御奉公仕候。

御当代御徒横目役被仰付、御切米五両被成下右御役目致勤仕候処、寛文九年野谷地拝領仕無間も右八郎兵衛病死仕

候付、跡職願申上候砌、右新田起目共拙者被下置度旨奉願候処御切米五両・四人御扶持方新田高壱貫六百十八文之所無御相違被下置候由、寛文十年三月廿三日原田甲斐を以被仰渡候。右之通被下置候御書替所持仕候。以上

延宝五年二月六日

14 御歩小性 石田作左衛門

一 拙者祖父石田蔵人儀石田豊前弟に御座候。祖父蔵人儀何様之品にて何時被召出候哉不承伝候。貞山様御代米沢より御国替之時分、祖父蔵人御供仕御当国へ罷越候節、御知行三貫拾六文被下置候。祖父蔵人病死仕候砌、貞山様御代慶長拾四年正月廿日中島監物御申次を以跡式御相違親蔵人被下置、御奉公仕罷有候処、拾貫文以下之衆御知行三ヶ二被召上候内に蔵人も被仰付、寛永五年より三ヶ一壱貫五文被下置候付て、御奉公相続可申様無御座候故牧野大蔵御申次を以御歩小性組に被成、御切米五切・四人御扶持方被下置御奉公仕候。義山様御代寛永十八年に御検地被相通候砌、弐割出目二百壱文被下置候外三百九拾八文切添御座候。山口内記御申次を以拝領仕、高壱貫六百四文と御切米五切・四人御扶持方被下置候。切添被下候年号覚不申候。親蔵人儀正保三年三月病死仕候に付て、同年九月義山様へ山口内記御申次を以跡式無御相違拙者に被下置候。義山様御黒印御当代御黒印共頂戴仕候。拙者御知行高壱貫六百四文・御切米五切・四人御扶持方被下置、御歩小性組之御奉公仕

候。先祖之品々は惣領筋目に御座候石田孫市方より申上候。以上
延宝七年二月廿三日

15　小島九郎右衛門

一　拙者先祖葛西譜代御座候処、親小島伊勢儀葛西落着以後浪人にて罷有候。然処大松沢八郎左衛門親類御座候付て、右八郎左衛門拝領仕候新田起目之内壱貫六百文之所拙者に被分下御奉公為仕度段、綱宗様へ万治三年二月廿五日富塚内蔵丞を以右八郎左衛門申上候処、同年三月十六日右内蔵丞を以願之通被分下之由被仰渡候。知行高壱貫六百文被下置御番所御次之間被仰付候。御黒印頂戴所持仕候。以上
延宝七年二月廿五日

16　御歩小性　鹿又勘右衛門

一　拙者親鹿又勘右衛門儀
貞山様御代御切米壱両・四人御扶持方被下置、御歩小性被召出御奉公仕罷有候。何年に誰を以被召出候哉不承伝候。義山様御代明暦二年野谷地新田山口内記・真山刑部を以拝領仕候処、同四年七月廿九日に右勘右衛門病死仕候。跡式御切米壱両・四人御扶持方同年十月無御相違拙者被下置之旨、川島勘兵衛を以被仰渡候。其已後万治三年右新田御竿被相入、起目高壱貫五百九拾九文同年富塚内蔵丞・茂庭周防を以被下置候。

御当代寛文元年十一月十六日之御黒印頂戴仕候。以上

延宝五年二月九日

17 御歩小性組 大平三右衛門

一貞山様御代拙者儀御徒小性組に木村宇右衛門を以被召出、御切米壱両と銀七匁・御扶持方七人分被下置御奉公仕候。
右被召出御切米・御扶持方被下置候時分之年号失念仕候。
義山様御代黒川郡大平村に野谷地新田申請起目御竿相入申候て、高壱貫五百九拾三文之所正保三年六月廿三日山口内記を以拝領仕候。以上
延宝七年九月十三日

18 内馬場又兵衛

一内馬場伊与四男拙者養曽祖父同氏喜内儀九歳にて、義山様へ古内主膳を以御目見慶安三年十五歳より御小性間へ被召出、御切米六両・四人御扶持方成田木工を以被下置候。寛文弐年野谷地新田申受、起目壱貫五貫五百九拾二文之所右喜内に被下置候。喜内儀実子持不申候付、伊予嫡子内馬場清十郎次男拙者兄次郎吉と申者養子願申上候処、如願之喜内に隠居被仰付、家督無御相違右次郎吉寛文五年御当代被下置候。然処兄次郎吉儀寛文六年病死仕候付拙者儀次郎吉実弟に御座候付て、跡式之願申上候処、無御相違御知行高壱貫五百九拾弐文并御切米六両・四人御扶持方拙者寛文六年被下置候。

御当代御黒印頂戴仕候。先祖之儀は惣領筋目内馬場孫右衛門方より可申上候。以上

延宝五年四月十三日

19　七宮市左衛門

一　拙者親七宮外記会津譜代に御座候。右外記伊達河内殿へ御奉公仕候。河内殿御遠行以後御家中何も並、義山様御代桃生郡中津山にて野谷地被下置、惣御検地之時分御竿被相入、高壱貫五百八十五文寛永廿一年古内主膳を以被下置御黒印頂戴仕候。正保三年四月親外記成田木工を以隠居被仰付右家督無御相違拙者被下置、只今江州御代官御役目相勤罷有候。以上

延宝七年七月十五日

20　秋保長次郎

一　拙者親秋保善左衛門儀同苗播磨実弟に御座候。貞山様御代寛永五年上郡山内匠を以被召出御番所虎之間被仰付、一番御座敷御呼懸被召出、於御国無足にて御奉公相勤申候。義山様御代寛永十六年中島監物を以御切米三両・四人御扶持方被下置御奉公仕候処、先年中島清十郎拝領之新田起目高之内壱貫五百八拾三文之所善左衛門に為取申度旨右清十郎願被申上候付、延宝五年二月十日柴田中務を以右地形被下置候。善左衛門儀老衰仕候故隠居仕度旨願差上候付、右壱貫五百八拾三文并御切米三両・四人御扶持方

無御相違、願之通拙者家督被下置之段延宝六年二月廿二日黒木上野を被仰付、勿論親に不相替御呼懸等にも被召出御奉公相勤申候。委細先祖之儀惣領に依御座候、秋保豊前方より可申上候。以上

延宝七年二月廿五日

21 高倉弥太郎

一 拙者高祖父同氏大蔵儀仙道之内安積郡郡山之城主伊東摂津守弟にて仙道之高倉在城仕候。右大蔵嫡子曽祖父同氏次兵衛儀御家へ罷越候処

貞山様御代馬場出雲を以御切米六切・御扶持方五人分被下置被召出候。年号は相知不申候。右次兵衛病死仕跡式無御相違祖父同氏長右衛門

貞山様御代右出雲を以被下置候。年号は相知不申候。其已後寛文八年二月十八日鴇田次郎衛門・田村図書を以野谷地壱町五反歩申請開発御竿入、高壱貫五百六拾八文同十三年六月十八日小梁川修理を以被下置候。然処祖父長右衛門歳七拾余に罷成付隠居願申上候得ば、願之通家督無御相違延宝二年八月廿八日大条監物を以右御知行高壱貫五百六拾八文・御切米六切・五人御扶持方之通、拙父同氏長右衛門被下置候処、亡父長右衛門延宝六年二月於江戸死去仕に付て、跡式無御相違拙者に被下置之旨同年五月黒木上野を以被仰付今以御知行高壱貫五百六拾八文・御切米六切・五人御扶持方御座候。以上

延宝七年七月廿二日

22　高野弥太夫

一　拙者養父高野源之丞儀高野靭負親類に御座候て靭負親高野与惣左衛門扶持相請無進退にて罷有候処、貞山様御代寛永七年与惣左衛門申立を以御歩行衆被召出、御切米弐両・四人御扶持方被下置候。右御申次は伊藤肥前に御座候。
義山様御代慶安四年に御家具役人に被仰付、御歩御奉公御免被成下右御役目万治弐年迄相勤申候処、同年右御役目御免被成下御広間御番所被仰付候。然処源之丞後嗣無御座候付、拙者儀は大内源兵衛実弟有之候を聟養子被成下度由申上候得ば、願之通被仰付旨寛文十二年七月廿五日古内志摩を以被仰渡候。且又拙者親類富田四郎兵衛拝領之新田起目壱貫五百六十弐文之所源之丞進退高被相入被下度旨四郎兵衛申上候処、如願之被仰付之由延宝六年五月廿七日黒木上野を以被仰渡候。源之丞儀老衰仕候付、隠居被仰付被下置度由申上候得ば願之通隠居被仰付、跡式御知行高壱貫五百六拾弐文并御切米二両・四人御扶持方之所、無御相違拙者被下置之旨延宝七年四月廿二日佐々伊賀を以被仰渡候。右新田起目源之丞拝領仕候以後御黒印は于今頂戴不仕候。以上
延宝七年十月十九日

23　嶺八兵衛

一　拙者先祖被召出候儀曽祖父若宮之別当と申山伏にて、相馬浪人者に御座候。然処同国上野坊と申山伏相馬殿に讒言仕候て被討申に付、右別当嫡子佐藤八大院・同弟甚次郎右二人相馬を罷出親之敵討申度と心懸諸国浪人にてねらい申処に、慶長三年九月六日紀州はたなし嶺にをゐて右上野坊出合即時上野坊を討果、夫より兄弟弐人共御国

へ参御奉公をも申上度と其節之良覚院を頼罷有候。依之右之品々貞山様へ良覚院申上候処、親之敵討申段手柄に被思食、可被召抱旨被仰出、兄弟共御扶持方被下置由御座候。其已後白石御陣之砌右兄弟御供被仰付罷登候処、首尾能相働申候由にて御直々永沼丹後与力に被仰付、其上八大院儀は名字迄被下置於大嶺敵討申所被思食嶺八兵衛と被仰付、右御扶持方御知行被直下、三貫九百三拾文之所被下置由御座候。右御扶持方何程并御知行誰を以被下置候哉年号等不承伝候。且又貞山様御代御知行拾貫文以下之者何も三ヶ二宛被召上候付て、右祖父八兵衛も御知行壱貫三百拾文被相減候。其已後段々被返下者も御座候得共、八兵衛儀は無間も元和八年に病死仕候故本知之願も不申上、右壱貫三百拾文之跡式親八兵衛被下置候由御座候。拙者儀未生以前御座候故年号・御申次承置不申候。右御知行寛永年中惣御検地之砌弐割出目を以壱貫五百六拾弐文被成下候。右八兵衛儀慶安元年・病死仕候付て、跡式無御相違拙者に被下置之旨、義山様御代古内故主膳を以同二年三月被仰渡候。右御黒印頂戴仕候。右之通先祖之様子委細には不奉存候得とも、承伝之通無遠慮可申上旨、御触に御座候間如此御座候。以上

延宝五年四月十九日

24

御歩小性組 太斎六兵衛

一 拙者祖父太斎小伝次儀伊達御譜代御座候。拙者親同苗六兵衛儀は小伝次二男に御座候。貞山様御代元和三年御歩小性に被召出御切米弐両弐分・四人御扶持方被下置候。

義山様御代正保弐年三月廿八日野谷地三町申請起立高五百五拾三文拝領仕候。已後右起残谷地壱町五反歩申受度由奉願候処、明暦三年十月十九日被下置候。起立高五百拾五文致拝領、右合壱貫六拾八文之高被成下候。

御当代堀江甚左衛門在郷明屋敷一軒国分之内小泉村御座候被下置度由奉願候処、親六兵衛被下置候。先年より国分之内芋沢村在郷屋敷壱軒被下置候得共

貞山様御代より数年無恙御奉公仕候者之事候間、末々新田をも被下組をも可被相除之由、寛文三年霜月十七日に柴田外記・原田甲斐・富塚内蔵丞被申渡拝領仕候。親六兵衛寛文六年三月江戸火消御番罷登於江戸病死仕候。跡式知行高壱貫六拾八文并御切米弐両二分・四人御扶持方無御相違拙者儀嫡子に付被下置段、寛文六年九月七日原田甲斐・古内志摩被申渡拝領仕候。右小泉村屋敷へ御竿申受、代高四百五拾六文寛文八年八月廿九日原田甲斐被申渡拝領仕候。都合壱貫五百廿四文之御黒印頂戴仕候。親六兵衛代右新田拝領仕候御申次不承伝候。以上

延宝五年二月十四日

25　丹野利右衛門

一　拙者儀正保元年以中村備前御不断組被召出、御切米三切・御扶持方三人分新規被下置御奉公相勤申候処、承応二年

義山様御代石川九右衛門を以御大所衆に被仰付、其砌為御加増御切米壱両・御扶持方四人分に被成下右御奉公相勤、寛文元年

綱宗様御代為御加増御切米高六切被成下候。然処同年八月より相煩品々申上御大所御奉公御免被成下、同十一年十

二月鴇田淡路御番組被仰付候。拙者儀男子無之付て志賀甚之丞弟七之丞壻苗跡被成下候。右甚之丞知行高之内壱貫五百文之所拙者被分下、持来御切米壱両弐分・四人御扶持方取合進退高に被成下度由双方連判覚書を以申上、延宝四年九月六日如願之被成下旨小梁川修理を以被仰渡、則御書付共頂戴仕候。以上

延宝五年二月九日

26　岡崎利兵衛

一　拙者養父岡崎平助儀川島豊前手前御不断衆御座候由承及候。何方譜代御座候哉誰様御代被召出何代御奉公仕候哉、豊前手前御不断組已前之儀不承伝候。義山様御代寛永拾七年に成田木工を以御大所組被召出、御切米壱両・四人御扶持方にて致勤仕候。其後両度御加増被下置、御切米弐両・四人御扶持方に被成下候。綱宗様御代万治三年三月御切米壱両奥山大学を以被下置候。右段々被成下年号・御申次委細之品々は不承伝候。拙者儀は石田作兵衛次男に御座候処、右平助男子無之付実父作兵衛知行高之内壱貫五百文之所被分下、平助壻養子に被成下度旨願上候処、寛文九年二月廿七日渋川助太夫を以願之通被成下、高壱貫五百文・御切米三両・四人御扶持方に被成下、寛文九年六月御大所組頭役被仰付候付、御切米壱両為御加増同十年七月廿一日各務采女を以被下置候。平助儀延宝五年八月致病死候付て、跡式同六年二月十八日古内造酒祐を以御切米四両・四人御扶持方高壱貫五百文之所無御相違拙者被下置候。以上

延宝六年二月十九日

27 大沼十郎兵衛

一誰様御代拙者先祖誰を始て被召出候哉、亡父以前之儀は相知不申候。拙父大沼伝吉儀、貞山様御代御知行壱貫三百文被下置青木下野・秋保善太夫組之御給主御奉公仕候。右伝吉儀寛永十一年病死仕跡式無御相違同年秋保善太夫・青木伊右衛門を以拙者被下置御奉公仕候。寛永十四年洪水に右御知行所水押に罷成候て物成不罷出候間、御給主組一同に御訴訟仕候は、右知行壱貫三百文・御切米・御扶持方被直下候様大波対馬・中村備前・青木伊右衛門を以申上候得ば御尤之由にて、寛永十五年より御切米三切銀十二匁八分・御扶持方三人分被直下置候。然処拙者儀御材木定御用被仰付、数年相務申に付、明暦四年山口内記・真山刑部を以御給主組御免被下右之御切米御扶持方之通新規被下置、右御用引続年久相務申に付、寛文七年柴田外記御披露を以為御加増、御切米弐切と銀三匁弐分被下置、取合御切米壱両弐分・三人御扶持方被成下御奉公仕候。且亦拙者実男子二人女子壱人御座候処、男子弐人共に御割衆御勘定衆に被召出、各別御切米御扶持方被下置御奉公仕候付、拙者家督無御座候間阿部弥助弟三郎兵衛拙者聟苗跡に仕度候。右弥助知行高之内壱貫五百文右三郎兵衛分渡拙者進退へ取合、末々跡式被下置候様仕度旨申上候得ば、如願聟苗跡被仰付、御切米壱両二分・三人御扶持方へ壱貫五百文取合進退高に被成下旨、延宝二年十月廿八日に、小梁川修理を以被仰渡候。以上

延宝七年十月九日

28 及川与次右衛門

一拙者家督之親、及川伝三郎儀葛西譜代御座候。

義山様御代寛永拾三年山口内記御取次にて被召出、御切米三切・御扶持方四人分被下置、御作事方小奉行役相勤申候処、慶安元年二月廿一日病死仕候。右御切米御扶持方

義山様御代山口内記を以右伝三郎妹聟御座候付拙者に被下置候様にと願上申候処、同年七月晦日引続右進退無御相違右内記を以被下置右御役目被仰付、其以後常陸御穀舩御横目被仰付、万治元年極月より江戸御番御帳付役被仰付、寛文二年九月十三日

御当代奥山大学御取次にて御切米御加増五切被下置、弐両四人御扶持方被成下寛文七年迄相勤、同年白石正左衛門二男拙者家督古内志摩を以願上申候処に願之通被成下候。然処小身御座候間白石正左衛門知行地付にて取立申候新田、拙者為取申度旨右正左衛門願差上申候内、御竿相入右起目高壱貫四百八拾六文之所願之通拙者被下置旨寛文十二年正月廿五日柴田中務・古内志摩を以被仰渡候。拙者進退高知行壱貫四百八拾六文・御切米弐両・御扶持方四人分に御座候。以上

延宝五年四月九日

29　御給主　鈴木清右衛門

一　拙者先祖素姓紀州之者に御座候処、奥州黒川郡へ罷下住居仕候由承伝候。拙者親鈴木又助儀貞山様代屋代勘解由を以御給主被召出、御知行壱貫三百文被下置、伏見へ相詰御奉公仕候由承及候。右又助儀大坂御陣へ両度之致御供討死仕候。引続拙者家督無御相違元和元年秋保善太夫を以被下置候。

義山様御代惣御給主衆御知行寛永十六年二月朔日石母田大膳・古内主膳・鴇田駿河・和田因幡を以御切米御扶持方

被相直候節、拙者も右壱貫三百文之御知行、御切米壱分判三切銀十二匁八分・御扶持方三人分に被直下置候。拙者儀正保二年宮城之内市川村野谷地申請自分に開発仕
御同代慶安五年四月六日山口内記を以、新田高壱貫四百六拾九文被下置御黒印奉頂戴候。当時拙者進退高御知行壱貫四百六拾九文・御切米三切銀十二匁八分・御扶持方三人分致拝領御給主御奉公仕候。以上
延宝五年四月六日

30　芦立甚兵衛

一　拙者親芦立源左衛門儀
義山様御部屋住之時分御歩行衆に被召出、御切米弐両・四人御扶持方被下置候。寛永十七年に御歩行番頭被仰付候て御切米三両御加増被成下、其後慶安五年
義山様御代谷地申立拝領仕、開発高壱貫四百六拾四文山口内記を以被下置候。親源左衛門万治四年四月於江戸斎藤市左衛門乱心仕伐殺申候品々被聞召届、跡式無御相違拙者被下置旨伊藤新左衛門・遠山勘解由を以被仰付候。当時御切米五両・四人御扶持方・御知行壱貫四百六拾四文拝領仕御番等相勤罷有候。右品々亡父源左衛門申伝承如此御座候。以上
延宝四年十二月十三日

31　宮沢吉之助

一　拙者伯父同名休八儀大松沢八郎左衛門親類に御座候付て右八郎左衛門親同氏左衛門知行之内切添起目壱貫四百四拾三文之所右休八に被下置、御奉公為仕度旨、義山様へ正保三年山口内記を以右之左衛門申上候処、願之通被成下御番所御次之間被仰付之由内記を以被仰渡候。休八儀承応弐年に病死仕、弟吉兵衛に跡式無御相違被下置之由同年十月十四日に被仰渡候。御申次は失念仕候。然処右吉兵衛寛文四年に病死仕、跡式拙者に無御相違被下置之旨同年四月十七日柴田外記・富塚内蔵丞を以被仰渡候。右壱貫四百四拾三文所被下置候。御黒印頂戴仕候。以上

延宝七年二月廿三日

32　豊島弥五右衛門

一　拙者儀豊島久太夫弟に御座候。兼て無進退にて罷有候処、右久太夫兄弟共数多御座候て取立可申様無御座候付、久太夫知行高之内壱貫文拙者に為分取御番等被仰付被下候様に御当代古内志摩を以願上申候処、願之通被成下旨寛文十二年十月廿八日右志摩を以被仰渡、当時拙者知行高壱貫文にて御番等相勤申候。以上

延宝四年極月十日

33　木村久兵衛

一　拙者祖父木村備後

貞山様御代被召出、御知行三貫文慶長九年九月七日被下置、伊達河内殿へ被相付御奉公仕候。右御申次は不奉存候。右備後同十七年病死仕実子善四郎苗跡相継御奉公仕、寛永十一年河内殿御死去巳後義山様御代同十五年於桃生郡本高四分一上納、四分三野谷地古内故主膳・鴇田駿河を以被下置、同十六年津田近江を以御目見仕候。右野谷地手前不相叶故開起仕兼候処に、寛永十八年御竿入、高壱貫四百二拾弐文古内故主膳を以被下置候。同廿一年八月十四日之御黒印頂戴、寛文元年十一月十六日御当代之御黒印頂戴、右善四郎儀同十一年に改名喜左衛門に罷成同十二年霜月病死、跡式無御相違拙者に被下置旨同十三年二月廿七日に柴田中務を以被仰渡候。拙者未御黒印頂戴不仕候。以上

延宝五年三月八日

34　横尾弥右衛門

一　拙者養父横尾正助儀

貞山様御代被召出、御切米三両・御扶持方四人分被下置御奉公仕候由承及候。何様之品にて誰を以何年に被召出候哉不承伝候。拙者事梅森右馬丞二男に御座候処、右正助男子無之聟苗跡に罷成候。正助事承応二年霜月廿一日に病死仕、跡式御切米御扶持方無御相違

義山様御代山口内記を以同三年三月十三日拙者に被下置、則

綱宗様御小座住之砌定御供御奉公山本勘兵衛を以被仰付

御当代に罷成古内志摩を以寛文六年四月十一日に御切米壱両御加増被成下、右御切米取合四両四人御扶持方にて引

続御奉公相勤申候。然処寛文二年五月六日に野谷地五町七年《ママ》之荒谷に、奥山大炊を以致拝領候処に、毎年之様に江戸上下仕起兼申候砌、俄に五年荒谷に罷成御竿相通起残之野谷地被召上、開発之地壱貫四百拾三文寛文八年三月廿五日古内志摩を以被下置御黒印頂戴所持仕候。以上

延宝七年四月九日

35

御歩小性組 宮沢伝右衛門

一　拙者祖父宮沢修理嫡子同氏正作儀貞山様御代御歩小性に被召出、御切米壱両・四人御扶持方被下置御奉公仕候。被召出候年号・御取次相知不申候。右修理病死仕候付跡式正作に被下置、御歩小性組付之御切米御扶持方は修理二男拙父伝右衛門に被下置度旨奉願候処、願之通被仰付候。年号・御取次不承伝候。義山様御代承応三年に野谷地拝領仕、開発高壱貫三百七拾四文之所明暦四年に山口内記を以被下置候。御黒印頂戴仕候。然処右伝右衛門儀寛文十弐年病死仕候付、跡式無御相違拙者に被下置之旨、同年六月廿六日に古内志摩を以被仰渡候。当時拙者知行高壱貫三百七拾四文と御切米壱両・四人御扶持方に御座候。先祖之品々惣領筋目同氏正右衛門委細申上候。以上

延宝四年十二月十八日

36　高橋吉左衛門

一　拙者祖父高橋土佐と申者
貞山様米沢に被成御座候時分より御奉公仕、伊達之内秋山と申所御知行拝領仕由承伝候。祖父已前之儀は
誰様御代に被召出候哉不奉存候。土佐子共同苗伊予御当地迄供奉仕、二本松御陣之節手負申足不自由に御座候付、
御奉公不罷成隠居被仰付候。兄同名善右衛門・拙者儀は其節幼少御座候故、家督甥市兵衛に無御相違被下置候。
進退高之儀は何程に御座候哉、年号・御申次衆は不承伝候。右段々家督相続仕候。市兵衛病死仕子共無御座候付、
跡式被相禿由承及候。右善右衛門儀寛永十七年御勘定所へ被召出、進退被下置御奉公相勤申候。其後
貞山様御意には伊予儀御用にも立申者に候間、隠居分御切米弐切・御扶持方三人分拝領仕罷有候、隠居分に御切米
御扶持方被下置候。御申次衆尤年号不承伝候。
義山様御代に罷成、右伊予跡式拙者被下置度旨申上候得ば寛永二拾年極月廿九日に古内主膳・津田近江・茂庭周防
を以如願之被仰付候。其以後拙者儀御作事方御用首尾能相勤申候段、成田木工御披露を以為御加増御切米四切・
御扶持方壱人分慶安五年三月廿六日に拝領仕、取合御切米六切・御扶持方四人分に被成下候。其上寛文六年三月
下伊沢之内白鳥村にて野谷地拝領仕、右起目同十一年に御竿入、新田高壱貫三百七拾三文寛文十三年六月十八日
小梁川修理を以被下置候。御黒印于今頂戴不仕候。当時進退壱貫三百七拾三文・御切米壱両弐分・四人御扶持方
被下置候。以上
延宝五年四月廿七日

37

阿部《御歩小性》利右衛門

一　拙者祖父阿部理右衛門儀阿部但馬次男にて無足に御座候処

貞山様御代に牧野大蔵を以御歩小性に御召出御切米壱両弐分・御扶持方四人分被下置候。其已後古川を新田に申立

右起目高壱貫三百七拾四文に罷成

御同代に拝領仕候。御取次・年月不承伝候。

義山様御黒印寛永廿一年八月十四日に頂戴仕候。右理右衛門儀母方之祖父に御座候。子共持不申候故拙者儀高橋孫

左衛門次男に御座候処に、理右衛門存生之内に拙者を子共に仕度旨御老中迄大町権左衛門を以申上候処、寛文六

年十二月廿八日に右願之通被仰付候。理右衛門儀同九年三月十二日に病死候。其節跡式拙者に被下置度旨志賀右

衛門を以右願之通申上候処、同年七月二日に柴田外記・古内志摩を以無御相違拙者に被下置

御当代御黒印同年七月二日頂戴仕、右御奉公引続被仰付候。以上

延宝五年三月廿八日

38

宮崎長蔵

一　拙者先祖御譜代に御座候由承伝候得共

誰様御代先祖誰を始て被召出候哉、曽祖父以前之儀不承伝候。

性山様御代曽祖父宮崎因幡と申者被召出御奉公仕候。進退は何程被下置候哉不承伝候。嫡子祖父同氏猿松儀御奥小

性に被召出、其後糸右衛門と改名被仰付、六切四人御扶持方被下置御奉公仕候。嫡子拙者親同名長蔵儀貞山様御代伊藤肥前を以御仕着被下置、御奥小性に被召仕候内右糸右衛門病死仕候に付、後家分に三人御扶持方被下置候。長蔵儀御奥小性より引続御物置御番被仰付及拾ヶ年に御奉公仕候。若林御時代無調法之儀御座候て右御仕着被召上、弐両四人御扶持方被下置御奉公仕候。

義山様御代改名長右衛門に被仰付、御国御進物番改て被仰付、及二拾ヶ年に無懈怠相勤申候。此節右之御仕着何も返被下候処長右衛門御城に居合不申御仕着之品知不申候付、母に被下三人御扶持方茂庭佐月御披露之上慶安元年三月廿六日被下置候。国分大倉村主無久荒壱貫三百六拾壱文御座候を、御村構無御座候付て右高之内地損相除地形に罷成候通八百文被下置候様訴訟申上、茂庭古周防を以寛文五年極月十四日に被下置候。残地形五百六拾壱文之所追て御訴訟申上、柴田外記を以寛文九年五月廿五日に被下置、進退高御知行壱貫三百六拾壱文・弐両七人御扶持方に御座候。長右衛門儀延宝二年極月廿四日に病死仕候。跡式無御相違拙者に被下置旨、同三年三月四日に小梁川修理を以被仰付候。拙者知行高壱貫三百六拾壱文と御切米弐両・七人御扶持方に御座候。御黒印は未頂戴不仕候。以上

延宝七年十月廿一日

39　御徒組　佐藤作左衛門

一　拙者親佐藤作右衛門

貞山様御代御歩行衆に被召出、御切米二両弐分・四人御扶持方被下置御奉公仕候処、正保元年二月病死仕、家督無

御座候付拙者儀壻苗跡に仕度由願申上候得ば山口内記を以願之通被成下候。三拾五ヶ年以前親作右衛門代野谷地二町歩申請、右之起目新田壱貫三百五拾七文拙者代に真山刑部を以正保二年十月廿八日に拝領仕候処、右之地寛文元年田村隠岐殿御知行に罷成候に付、右之替地志田之内にて被下置候。拙者知行高壱貫三百五拾七文・御切米拾切・御扶持方四人分に御座候。以上

延宝四年十二月十一日

40 丹野平助

一 拙者儀丹野文蔵次男に御座候。御当代寛文元年七月鴇田次右衛門手前御徒小性に被召出、寛文四年に御領中幾里志丹宗門御改御用被仰付、同七年六月廿日に柴田外記を以御歩小性組御免被成下、右御用定役人被仰付候。寛文四年三ノ迫武鎗村にて野谷地二町分致拝領開発仕、同七年御竿被相入三百九拾三文之所同八年八月廿九日原田甲斐を以被下置候。同八年に三迫有壁村にて、野谷地二町八反三せ歩致拝領開発仕、同十一年に御竿被相入九百五拾三文之所同十三年小梁川修理を以被下置候。都合壱貫三百四拾九文と御切米弐両・四人御扶持方に御座候。御黒印于今頂戴不仕候。先祖之儀は惣領筋目丹野文左衛門申上候。以上

延宝五年二月廿九日

41 森田市十郎

一　拙者親森田半助儀伊達御譜代にて河内殿御知行壱貫三百拾壱文被下被召仕候処、河内殿御他界被成、其已後義山様へ被召出、古内主膳を以右御知行壱貫三百拾壱文被成下、御代々御奉公仕候処、寛文十三年に右半助病死仕候付願指上、跡式無御相違同年六月九日に小梁川修理を以拙者に被下置候。以上

延宝四年十二月十四日

侍衆

御知行被下置御牒（五十七）

壱貫弐百九拾八文より
壱貫文迄

1　石田五右衛門

一　拙者先祖伊達御譜代之由承伝候。私親は石田五左衛門と申、御不断組之御奉公仕候。
義山様御代拙者儀は別て御不断組に被召出、御切米四切・三人御扶持方山口内記・和田因幡・真山刑部を以被下置候。然処
御同代明暦元年五月廿七日佐沼南方村にて野谷地三町申請開発、起目高壱貫弐百九拾八文之所
綱宗様御代寛文元年十一月十六日奥山大炊を以被下置御黒印頂戴仕候。拙者儀京都御買物御用弐拾五ヶ年相勤申候付て、御不断組延宝三年八月朔日柴田中務・小梁川修理・大条監物を以御赦免被成下、右御切米・御扶持方・御知行共に拝領仕候。以上
延宝五年三月八日

2

御歩小性　野村兵左衛門

一　拙者先祖野村内膳次男野村小兵衛儀
貞山様御代奥山大学を以御歩小性組に被召出御切米三切・御扶持方四人分被下置江戸御日帳付役目相勤申候処
義山様御代古内伊賀を以、小進にて御奉公罷成間敷候間、御加増被下置由にて、寛永十九年三月廿九日為御加増壱両壱分被下置、御切米弐両・御扶持方四人分に被成下候。然処右小兵衛拙者親類に御座候付て聟養子仕、其以後小兵衛隠居願上候処、願之通被仰付、拙者に家督無御相違被下置之旨万治元年霜月十日長江主計を以被仰渡候。拙者実父は及川甚右衛門と申葛西浪人に御座候。且又親小兵衛先年東山之内長部村にて野谷地申請差置申候処、右之野谷地開発仕高壱貫弐百四拾六文之所御蔵にて被下置旨、寛文元年十一月十一日之御日付之御黒印にて頂戴仕候。其節仰渡は無御座候。以上

延宝五年二月廿二日

3

男沢虎之助

一　拙者祖父男沢先蔵人儀葛西譜代御座候。
貞山様御代御歩小性組に被召出候由に御座候。拙者親男沢金三郎儀は右蔵人次男に御座候。金三郎兄後蔵人遠田郡之内太田村にて、承応三年四月十五日真山刑部・山口内記書付を以野谷地拝領仕、起目御竿入高壱貫九文之所右金三郎に為取申度由後蔵人申上候付、万治二年
綱宗様御代に如願之金三郎に被下置候旨、古内中主膳を以被仰渡候由右之通承伝に御座候故委細之儀存不申候。金

三郎事

御当代延宝元年九月病死仕、跡式御知行高之通無御相違拙者に被下置之由同年十二月廿六日大条監物を以被仰渡、当時御知行壱貫九文拝領仕候。御黒印拙者は于今頂戴不仕、金三郎頂戴之御黒印所持仕候。先蔵人被召出候品々は後蔵人惣領之子男沢九郎右衛門方より委細可申上候。以上

延宝五年二月六日

4 伊藤勘五郎

一 拙者伯母あちやこ儀御切米拾切・御扶持方弐人分にて、貞山様御代まで御奥方にて御すへ頭御奉公相勤申候。右跡式拙者に被下置度旨あちやこ願申上候処に、無御相違被下置之旨寛文四年富塚内蔵丞・柴田外記・原田甲斐を以被仰渡、御番所御広間御国御番相勤申候処、流之内にて新田野谷地壱町五反拝領仕自分開発、御竿入高壱貫弐百四拾八文之所被下置旨、柴田中務・小梁川修理を以寛文十三年被仰渡候。以上

延宝七年七月九日

5 遠藤吉兵衛

一 拙者先祖伊達御譜代之由承伝候得共誰様御代に先祖被召出候哉、祖父以前之儀不承伝候。祖父遠藤四郎兵衛儀御切米壱両・四人御扶持方被下置御国中

之間御番仕候。右四郎兵衛家督親吉兵衛に被下置候年号・御申次不承伝候。

貞山様御代佐々若狭御取次にて寛永七年に親吉兵衛江戸定詰御勘定御用被仰付、依之御切米三両・七人御扶持方に被成下、同十二年右御用御免被成御分領中茶畑之御年貢取納申御用被仰付、同十七年に右御用も御免被成、御国中之間御番御帳付役相勤罷在候。

義山様御代寛永廿年野谷地拝領仕、正保四年十月十七日山口内記・和田因幡・真山刑部を以右起目新田百三拾八文之所被下置候。

御当代に親吉兵衛隠居仕度段奉願候処、寛文十三年正月十八日願之通被仰付、引続拙者家督無御相違被下置候段柴田中務を以被仰渡候。寛文八年親代に拝領仕候野谷地、起目新田壱貫百五文寛文十三年六月十八日小梁川修理を以被下置、右知行惣合壱貫弐百四拾三文・御切米三両・七人御扶持方に御座候。御黒印は于今頂戴不仕候。拙者儀寛文八年より名取西方御代官役目相勤申候。以上

延宝五年四月十三日

6　高橋伝左衛門

一　伊達右衛門太輔殿へ拙者兄高橋清三郎知行高壱貫三拾九文被下置近習御奉公仕候処、寛永三年八月十七日に右衛門殿御死去被成候付右清三郎殉死御供仕候。清三郎実子無之候付弟清四郎に無御相違跡式被下置、引続
貞山様へ中島監物を以被召出御奉公仕候処、寛永十七年三月廿二日右清四郎病死仕候付、同子に跡式被相立被下度由、

義山様御代右監物を以申上候得ば古内故主膳を以同十八年三月十日無御相違被下置候。右子成人迄は拙者五郎七と申時分御番代被仰付御奉公仕候処に、右子太郎作同廿一年二月相果申候。兄弟も無御座候間跡式拙者に被下置度由、右監物・古奥山大学を以申上候得ば、無御相違拙者に被下置候由被仰渡候。同年八月十四日に二割出目弐百文被相加、右合壱貫弐百三拾九文御黒印頂戴仕御奉公相勤申候。以上

延宝五年正月廿九日

7 小梁川喜平次

一 拙者儀小梁川五右衛門次男に御座候付、五右衛門知行高七貫弐百三拾九文之内壱貫弐百三拾九文之所被分下、相応之御番所被仰付被下度旨五右衛門奉願候処、延宝五年霜月廿五日小梁川修理を以如願被召出、御番所御広間被仰付、拙者知行高壱貫弐百三拾九文御座候。以上

延宝七年八月十五日

8 加藤安太夫

一 拙者親同名孫兵衛遠州浜松より紀州大納言様駿府に被成御座候時分被相付、紀州へ御入国之刻御供仕、以後拙者儀は末子に御座候故正保元年に御国へ罷下、市川惣右衛門所に罷在段義山様相達御耳に、正保二年之春田中勘左衛門を以遠町被仰付、大筒被借下、於生巣原に六町・拾五町仕、其後正保四年九月廿五日に成田木工を以御切米三両・六人御扶持方被下置

御同代慶安五年四百目玉大筒為鋳立可申旨山口内記を被仰付、出来以後市川惣右衛門・同郷左衛門・古内故勘丞・新妻古源太兵衛・境野弥五右衛門・御歩目付粟野勘助・高平彦兵衛為御検使被相出遠町三拾町両度仕、其御筒于今拙者に被預下候処、以後黒川之内大爪村沓掛野谷地致開発、壱貫弐百三拾文寛文五年十月十六日に和田半之助被申渡御黒印頂戴仕候。以上

延宝五年二月八日

9　伊藤甚右衛門

一貞山様御代伊藤主殿中島監物を以被召出、御知行壱貫弐百弐拾文被下置御奉公仕候。義山様御代主殿老後之上苗跡無御座、其身姪に拙者取合家督に仕度之旨中島日向を以御披露仕、明暦三年十月十五日に家督相済御奉公仕候。綱宗様御代万治二年五月主殿相果申候。同年九年廿四日に右日向を以御披露仕、主殿跡式無御相違拙者に被下置候。引続御奉公仕候。主殿先祖之様子委細不承伝候。以上

延宝五年二月廿一日

10　御歩小性　荒井伊兵衛

一義山様御代寛永十七年四月十一日拙者儀田中勘左衛門を以御歩小性組に被召出、御切米壱両・四人御扶持方被下置候。

御同代寛永廿年三月廿六日和田因幡・武田五郎左衛門を以、黒川之内吉田村野谷地申請御竿入、起目之高壱貫弐百弐文慶安二年十月十日山口内記を以被下置候。尤御黒印拝領仕候。以上

延宝五年三月十七日

11 御徒組 黒沢吉助

一貞山様御代に拙者親黒沢兵左衛門儀御歩行御奉公に被召出候。以後大町駿河御老中之節新田壱町申立其後御竿被相入、御知行高壱貫弐百文之所拝領仕御黒印頂戴所持仕候。打続御奉公申上候処に、歳至極仕其上病人に罷成候故嫡子同氏助七に御番代為致候処に去々年右助七病死仕候付、拙者儀助七弟に御座候条家督之願申上、去年二月廿三日富田二左衛門を以家督無御相違被仰付候。右御知行高壱貫弐百文外御切米弐両・御扶持方四人分拙者迄二代拝領仕候。兵左衛門儀歳罷寄十方無御座候。勿論拙者儀幼少にて委細不存儀に御座候条親類共承伝を以有増申上候。以上

延宝五年二月十日

12 御組徒 大石小右衛門

一拙者先祖御譜代にて伊達之内大石と申所に罷在候付て、拙者曽祖父儀大石三河と申候。三河儀貞山様御代田壱万苅・畑拾貫地之所致拝領御奉公仕罷在候処、三河儀男子持不申候付て大窪助左衛門次男彦四郎と申者壻苗跡に被成下、三河儀隠居被仰付、家督無御相違右彦四郎に被下置之旨天正十四年六月廿日屋代勘解由を

以被仰付、御判物致頂戴御奉公仕候。然処右助左衛門家督文禄三年五月三日病死仕候付、助左衛門家督右彦四郎被相立被下置度由奉願候処、無御相違願之通被仰付、三河跡式には右彦四郎次男拙父善次郎に被下置候。其節親幼少に御座候付三河進退之内御減少を以三貫文被下置候。善次郎成人仕致御奉公候時分は三河進退之通返可被下由、屋代勘解由名付之御書并御朱印于今所持仕候。右家督段々被仰付候年号不承伝候。右善次郎志賀右衛門御番組御次之間被仰付、御国御番致勤仕候処、寛永四年江戸御留守御番被仰付相勤罷在候。同七年江戸御普請に付
貞山様御拝借金被成置に付拾貫文より下御知行三ヶ弐宛被為借候。拙者親善次郎御知行も三ヶ弐被為借残る壱貫文に罷成候。寛永十八年御検地二割出被下置壱貫弐百文に被成下候。右御借り上被成候御知行面々願を以申上候得ば何も被返下候得共、右善次郎儀寛永七年より中風相煩罷在候故、被為借候御知行右勘解由を以願をも不申上候付返不被下置候。
義山様御代善次郎義隠居被仰付被下置度由奉願候処に願之通被仰付、跡式無御相違拙者に被下置之旨寛永十九年十一月十日、成田木工を以被仰付候。同廿年十月柴田外記御番組被仰付候。其節江戸御奉公仕度由右木工を以奉願候処、先以御歩行御奉公可仕由、正保元年正月十五日に右木工を以被仰付、本地壱貫弐百文・四人御扶持方被下置、引続御歩行御奉公当年迄三十六ヶ年江戸御国共に相務申候。以上

延宝七年三月十五日

13　亀山勘右衛門

一　拙者先祖葛西浪人之由承伝候。

義山様御代拙者儀寛永年中古内主膳を以被召出、深谷前谷地村にて野谷地致拝領、自分入宇を以開発仕寛永十八年御竿相入、高壱貫弐百文同二十一年八月十四日に於御蔵御割奉行衆被申渡御黒印頂戴仕候。

御当代御黒印も寛文元年に頂戴所持仕候。以上

延宝五年二月五日

14

御歩小性
都沢休内

一貞山様御代拙者親都沢休内、渡辺伊予を以御徒小性に被召出御切米四切銀六匁四分・御扶持方四人分被下置、其以後壱町壱切之野谷地御買新田仕、起高壱貫弐百文拝領仕候。何年誰を以被下置哉不奉存候。寛永十四年正月七日に親久内病死仕候付、跡式拙者に無御相違、右御切米四切銀六匁四分・御扶持方四人分・御知行壱貫弐百文寛永廿一年八月十四日
義山様御代御黒印共に小田辺主殿を以被下置候。以上

延宝五年四月廿七日

15

新御名掛
安田三之助

一　拙者祖父安田尾張儀
貞山様御代被召出御知行壱貫文・弐人御扶持方被下置候。然処伊達河内殿へ被相付歩行御奉公仕候。親同名茂左衛門右尾張嫡子に御座候て家督被下置候。其以後伊達兵部殿へ引続米拾八石被下置候て御奉公仕申候。右茂左衛門

儀歳寄寛文七年に隠居仕、拙者に家督被下置候て御奉公相勤申候処、兵部殿御一儀以後同十二年六月廿八日に大松沢彦左衛門を以被召出、御知行壱貫弐百文被下置候て新御名懸に被仰付罷在候。以上

延宝七年九月五日

16　樋渡平右衛門

一　拙者儀実父同氏甚之丞、知行高五貫八百七拾弐文之内壱貫百文之所拙者に被分下度由延宝六年正月申上候処、願之通被成下旨同年三月廿七日小梁川修理を以被仰渡、且又御祐筆御用就被仰付候。為御加増御扶持方四人分被下置段同年三月廿八日に柴田中務を以被仰渡、当時知行高壱貫弐百文・御扶持方四人分拝領仕候。先祖委細は同氏甚丞方より申上候。以上

延宝七年十月二日

17　新御名懸組　真野小左衛門

一　私父同名茂兵衛事飯坂御譜代にて伊達河内殿へ奉公仕、河内殿御死去以後兵部殿へ被相付、知行高壱貫弐百文被下歩行並に奉公仕、茂兵衛隠居被仰付、右壱貫弐百文拙者被下歩行奉公仕候処、兵部殿御一儀以後寛文十二年六月廿八日大松沢彦左衛門を以被仰渡、御知行壱貫弐百文被下置新名懸組被仰付候。以上

延宝七年十一月四日

18　藤倉正右衛門

一　拙者養父同名正右衛門先祖

誰様御代に被召出候哉不承伝候。右正右衛門親同名和泉と申者
貞山様御代に米沢之内三沢と申所に致住居、御名掛組にて御切米五切銀三匁弐分・御扶持方三人分被下置御奉公仕
罷在、摺上・番台山・安積表所之御陣之致御供、其後岩出山御城へ御供仕罷下、仙台御移之刻右正右衛門実子に
御座候付、引続御名懸組にて右御切米・御扶持方被下置御奉公仕罷在候処、永沼丹後を以
貞山様御代に御組御免被成置、右丹波手前にて気仙玉山雪沢御金山御用被仰付、其以後御国御番相勤罷在候由承伝
候。拙者儀沢辺新右衛門弟にて、右正右衛門親類に御座候を養子に仕、其身は隠居仕度段願申上候得ば願之通被
仰付、右御切米御扶持方無御相違拙者に被下置之旨、戸田善太夫を以正保年中に被仰付候。何年と申儀は失念仕
候。且又右正右衛門儀、拙者を養子に仕候以後、間も無く七十余歳にて病死仕候故先祖之品々委細不承置候。拙
者義正保四年より承応三年迄、八箇年御本丸御石垣御普請并
権現様御宮御建立に付、本人御用相勤罷在候処、明暦元年極月御勘定屋頭取御役目被仰付候節、御加増金弐切銀拾
壱匁八分と御扶持方弐人分被下置、御切米弐両・御扶持方五人分に被成下之旨
義山様御代山口内記・真山刑部を以被仰渡候。右御役目無懈怠相勤申に付、追て御加増金四切・御扶持方弐人分被
下置、御切米三両・御扶持方七人分に被成下之旨万治三年二月富塚内蔵丞・木村久馬を以被仰渡候。其以後右御
役目に付、御切米弐両御加増に被下置之旨
御当代寛文四年霜月大条監物・茂庭周防・原田甲斐・富塚内蔵丞を以被仰渡御切米五両御扶持方七人分に被成下同
八年迄十四ヶ年右御役目相勤申候。同十年に野谷地六町歩拝領仕、起高壱貫百七拾五文之所於江戸小梁川修理・

大条監物披露之上被下置之旨、延宝五年二月十日に柴田中務を以被仰渡候。右御書付は同年三月廿一日頂戴仕、当分拙者進退高御切米五両・御扶持方七人分・新田壱貫百七拾五文致拝領候。右御知行被下置候御黒印は于今頂戴不仕候。以上

延宝七年四月十三日

19

高橋勘右衛門

一　拙者親同苗勘平儀

貞山様御代なかと申御女房頭之養子罷成、河内殿へ相付申候処、御知行三貫文被下置御大所御用相勤申候処、河内殿御遠行被遊以後

義山様代寛永十五年霜月廿日鴇田駿河を以被召出、桃生之内中津山にて、右三貫文之内四分一上納四分三野谷地被下置候処、右野谷地悪地にて起立申儀不罷成候故相捨申候。起目本地取合壱貫百七拾四文之所同廿一年八月十四日古内故主膳を以被下置候。親勘平儀万治二年四月廿二日に病死仕、同年九月廿六日に跡式無御相違拙者に被下置候旨右主膳を以被仰渡候。御知行壱貫百七拾四文之御黒印頂戴仕、石田孫市御番組にて御国御番相勤罷在候。以上

延宝七年二月廿七日

20

御徒組
氏家藤七

一　拙者親同名茂兵衛儀同氏紹安弟に御座候処、浪人にて罷在、拙者儀も紹安所に罷在候処に御当代寛文七年八月津田玄蕃を以御歩行衆に被召出、御切米六切・御扶持方四人分被下置候。其後同十一年古内造酒祐を以御切米弐切・御加増被成下候。然処拙者従弟氏家養安在郷屋敷之内、新田起目高壱貫百九拾文拙者に被下置度由右養安願申上候処、如願之右高之通被下置旨延宝六年四月廿二日、黒木上野を以被仰渡候。右新田起目へ御竿相入養安知行高に不被結下、以別直々拙者に被下置度段奉願右之通に御座候。仍知行高壱貫百九拾文と御切米弐両・御扶持方四人分に御座候。以上

延宝八年正月十四日

21　新田善左衛門

一　拙者祖父新田玄蕃儀田村御譜代御座候。然処に田村御家断絶に付、親同苗和泉義年久浪人にて罷在、元和六年に御領内へ罷越、牢人にて罷在候処

義山様所々御新田御取立被遊候付、御新田奉行大河内淡路・和泉先祖之品々被存候付、右和泉野谷地拝領仕度由、淡路方迄願申候得ば桃生郡深谷前谷地村にて、野谷地五町寛永十年に和泉拝領仕候処に、淡路何方披露之上何様之品を以右野谷地被下置候哉、右和泉病死仕拙者幼少故其段不承覚候。且又右淡路品々被申上、古内故主膳を以同十三年に被召出御目見被仰付候。右野谷地切開申処、広淵沼堤に罷成、水滞段々荒所仕、残分御竿入同十八年高七百拾壱文之所右主膳を以被下置、御番外にて小島加右衛門手前御普請御用相務罷在候処

綱宗様御入国被遊惣御番割之砌、笠原修理御番組被仰付御番所御広間に御座候。然処延宝五年に願差上除屋敷へ御

竿被相入、高四百拾弐文之所同六年に黒木上野を以被下置、本地取合壱貫百弐拾三文拝領仕候。御黒印は未頂戴不仕候。以上

延宝七年八月二日

22 守屋市郎左衛門

一 拙者親守屋市郎右衛門は同氏釆女次男に御座候。

貞山様御代に御細工番に被召出、御切米弐両銀拾匁・御扶持方四人分被下置御奉公相勤申候。

義山様御代に宮城之内中野村にて、兄同氏五右衛門知行所切添之地へ寛永廿一年御竿入、高壱貫百三拾三文之所同年八月十四日成田木工を以、親市郎右衛門拝領仕御黒印頂戴仕候。市郎衛門儀万治二年九月病死仕候付

綱宗様御代大条兵庫を以同年十二月十一日に、跡式無御相違拙者被下置御歩行組御奉公仕

御当代寛文元年御黒印頂戴仕候。同十三年三月大条監物手前物書御用被仰付組御免被成下、延宝四年正月廿五日柴田中務を以御加増被下、御切米五両・御扶持方七人分に被成下候。先祖之儀は同氏伝右衛門方より申上候。以上

延宝五年三月十三日

23 御不断組 千葉正左衛門

一 貞山様御代拙者親千葉勘右衛門儀御不断組に被召出、御切米五切・三人御扶持方被下置御奉公仕候処

義山様御代寛永十六年に黒川郡大爪村野谷地壱町五反御蔵新田に申請、起目之分御竿被相入高壱貫百弐拾六文に罷

成候。其節少分之儀は被下置之由、浜田半兵衛を以山口内記へ申達御披露之上右之高拝領仕候。其節之御申次・年号は失念仕候。正保四年十月十七日御黒印頂戴仕候。

御当代に罷成右大爪村奥山大学御知行罷成候付、同郡三関村へ御知行替被仰付、寛文元年十一月十六日に御黒印頂戴仕候。親勘右衛門儀寛文十年吉江五左衛門へ申達隠居仕、跡式無御相違寛文十年正月十八日に其節之支配頭に御座候故、右五左衛門被申渡拙者に被下置候。以上

延宝五年三月六日

24 松本十兵衛

一 拙者親同氏十兵衛は松本佐渡と申者之嫡子に御座候処に貞山様御代部屋住之内別て被召出、無足にて数年江戸御国共に色々御用相務申に付、寛永八年奥山古大学を以御知行拾貫文被下置父子別進退にて御奉公仕候処、同十二年に十兵衛儀佐渡に先立病死仕候。跡式之義は次男拙者被下度由申上候処、右大学を以無御相違同年に被下置、弐ヶ年物成所務仕候。其節拙者儀伊之助と申候て八歳に罷成候。同十三年九月朔日於御本丸惣侍子共義山様へ御目見仕候刻、拙者儀も御目見仕罷在候処、幼少に御座候故継目に御本帳直申段不存候て、高城外記・加藤喜右衛門手前之御本帳相直不申候付、右之御知行被召上候。祖父佐渡家督之儀は拙者兄松本作右衛門相続仕候。委細作右衛門方より可申上候。其以後義山様御代明暦弐年右之品々奥山大炊を以申上候処、先以御番為仕差置可申由御意に御座候て無足にて御国番相勤

罷在

御当代に罷成大炊を以数年無進退にて御奉公相勤申段披露申上候処、寛文弐年五月廿五日御切米四両・四人御扶持方右同人を以被下置候。然処に拙者実子無之候付、安原伝兵衛子拙者甥に御座候付家督に申合、伝兵衛知行高之内壱貫七拾文拙者に被分下候様に延宝弐年八月十七日申上候処、願之通小梁川修理を以同年十一月廿五日に被仰付、当時私進退高壱貫七拾文・御切米四両・四人御扶持方に御座候。以上

延宝五年三月十六日

25　大森権助

一　私儀大森甚左衛門次男に御座候処、飯野三右衛門御納戸頭被仰付候砌、無足にて物書御用延宝三年より同六年迄相勤申候条進退被下置度由奉願候得共、新規に不被下置候。依之右三右衛門御知行新田之内壱貫七拾弐文分渡、御奉公為仕度由三右衛門奉願候処、願之通被成下之旨延宝六年十月黒木上野を以被仰渡被下置候。御知行高壱貫七拾弐文御座候。御番入于今不被仰付候。以上

延宝七年十月廿二日

26　長沼甚丞

一　拙者儀山崎十蔵と申者之次男に御座候。母方之親類長沼丹後所に幼少より罷在、母方之苗字相名乗義山様御代寛永廿一年二月廿八日於江戸成田木工を以御奉公に罷出、御切米四両・御扶持方四人分被下置定御供仕

御薬込御役目被仰付寛文元年迄相務申候。同年御役目替
綱宗様御手水番被仰付候。寛文五年迄相勤申候。進退不罷成候付て願を以御役目御免被成下御国御番仕候。
御当代野谷地拝領仕、御竿被相入代高壱貫五拾文之所寛文十三年六月十八日小梁川修理を以被下置、都合御切米四両・四人御扶持方・御知行壱貫五拾文右御知行御黒印于今頂戴不仕候。以上
延宝五年四月廿二日

27 猪狩八兵衛

一 拙者養祖父猪狩二左衛門儀岩城常隆御卒去以後浪人に罷成候処
貞山様御代御鷹師に被召出、御切米御扶持方被下置由
義山様御部屋へ被相付、以後組被成御免御切米五両・御扶持方五人分に被成下、江刺相去御境目御足軽百人之差引被仰付、御免以後御番所御次之間被仰付由、二左衛門儀右之通被成下候。年号・御申次・御切米・御扶持方始に何程被下被召出候哉不承伝候。右二左衛門儀寛文三年に隠居之願申上候処、同年四月六日に願之通実子同氏八兵衛に、御切米五両・御扶持方五人分之所無御相違被下置、御番所御次之間被仰付旨奥山大学を以被仰渡、右八兵衛男子無之付長沼市左衛門次男拙者婿名跡に奉願候処に、願之通被成下旨同七年六月柴田外記を以被仰付候。然処八兵衛義江州御知行所御代官御用被仰付、同九年於京都病死仕候付、御切米五両・御扶持方五人分無御相違拙者に被仰付旨同年極月廿三日古内志摩を以被仰渡候。拙者儀同拾弐年に於柴田郡河内村に野谷地致拝領開発仕、延宝五年三月四日御竿入、代高弐貫九百四拾六文之内壱貫九百文之所は金成七平に被分下度旨奉願候付如願被分

下、残壱貫四拾六文之所拙者に被下置旨同六年十月十八日黒木上野を以被仰付、拙者進退知行壱貫四拾六文・御切米五両・御扶持方五人分に罷成候。以上

延宝七年七月廿一日

28　甲田武兵衛

一　拙者儀甲田新右衛門三男に御座候条、先祖之儀は兄同氏甚兵衛申上候。
義山様御代正保三年より拙者儀於江戸定御供に被召出、御切米四両・四人御扶持方慶安元年十一月朔日成田木工を以被下置江戸御番十弐年相勤申候。
綱宗様へ弐年定御供御奉公相勤申候。引続
御当代右定御供御奉公三年相勤申候。且又寛文三年七月廿八日、品川御手水番被仰付御小性組に被成下当年迄拾七年相勤申候。年数合三十弐年江戸御国共に御奉公相勤申候。然処
御当代宮城之内国分福岡村に野谷地申請、起高壱貫四拾五文之寛文十二年正月廿五日柴田中務を以被下置御黒印頂戴仕候。拙者御役目品川御手水番に御座候。以上

延宝五年四月九日

29　新野伝右衛門

一　拙者儀新野伝内三男無進退にて久々御村御用相足罷在候付、拙者伯父宮沢勘左衛門拝領之新田起目高壱貫四拾壱

文被分下、御奉公為仕度由右勘左衛門願申上候付、延宝六年四月黒木上野を以願之通被成下由被仰渡、御番所御広間被仰付右御知行高壱貫四拾壱文御座候。先祖之儀は嫡子筋目御座候条新野吉之丞方より可申上候。以上

延宝七年八月十一日

30 佐々木一之丞

一 拙者親佐々木内膳儀

貞山様御代御不断組に被召出、御切米壱両銀六匁四分・四人御扶持方被下置候。其後御不断組御免被成御本丸御番被仰付相務申内、歳罷寄申付只木下野を以隠居願申上、如願之隠居被仰付、家督無御相違拙者に被下置旨承応三年に右下野を以被仰渡候。然処寛文七年国分之内大倉村野谷地拝領仕自分開発、高壱貫三拾七文延宝三年十一月廿三日柴田中務を以被下置候。于今御黒印不奉頂戴候。以上

延宝七年二月廿五日

31 佐藤玄説

一 拙者養祖父佐藤作安儀佐藤内蔵丞弟にて医師仕候故、無進退之時分より山口内記・戸田喜太夫を以

義山様へ折々御目見仕候付、正保弐年野谷地新田三町并野屋敷共に戸田喜太夫を以被下置、御次医師に被召出御奉公仕候。其上慶安元年九月御切米三両・四人御扶持方右喜太夫を以被下置候。其後右之野谷地起目高五百五拾四文同三年同人を以被下置由承伝候。承応弐年に作安病死仕、跡式御切米三両・四人御扶持方知行高五百五拾四文

実嫡子同茂安に承応弐年六月戸田喜太夫を以被下置
義山様為御意江戸へ罷登医学仕、御次医師之御奉公相勤申候。然処病人不行歩に罷成、家業勤仕相叶不申候付、拙者儀小島玄益弟子に御座候処療治をも仕候。其上右茂安妻女は拙者妹に御座候付、右因を以苗跡に被成下、茂安実嫡子太郎吉六歳に罷成候条、以来拙者苗跡に仕度旨親類願申上候付、願之通御切米三両・四人御扶持方・知行高五百五拾四文在郷屋敷共被下置由延宝三年十一月大松沢甚右衛門を以被仰渡、御次医師之御奉公仕候。右在郷屋敷御竿被相入御知行に被直下、乍恐御黒印頂戴仕度由申上候付、願之通屋敷代四百八拾文之所本地に差添被下由、延宝六年四月黒木上野を以被下置、合壱貫三拾四文と御切米三両・四人御扶持方に御座候。拙者儀実祖父山梨六左衛門と申候て岡部美濃守殿御家中に罷在候。六左衛門次男は拙者実親遠藤市左衛門と申、正保弐年之比御当地へ罷越、浪人にて罷在明暦弐年病死仕候。拙者幼少之時分御座候故委細に承置不申候。以上
　延宝七年六月十五日

32　松川助八

一　拙者祖父松川大学と申者田村御譜代にて、
貞山様御代御知行弐拾貫文被下置、御北様へ被相付御北様御遠行被遊候以後、
貞山様へ御奉公仕致病死、大学子共に新九郎・次助・平兵衛と申三人御座候。嫡子新九郎に大学跡式無御相違被下置致御奉公、病死仕候。子共無之候故、弟次助に拾三貫六百文之所被下置致御奉公候。
義山様御代死去仕家督之子共無之、拙者亡父右平兵衛儀実弟故苗跡に申立候処不相叶被相禿候。以後訴訟申上、自

分開発之新田高壱貫弐拾四文之所

義山様御代拝領仕由承伝候。右平兵衛儀拙者若輩之時分死去仕候間委細之儀は不承置候。

御当代亡父平兵衛寛文五年七月病死仕候。跡式同年極月十三日富塚内蔵丞を以被仰渡候。右知行高壱貫弐拾四文之所引続拙者に被下置候。以上

延宝四年十二月十二日

33 須藤五郎衛門

一 拙者養祖父同氏茂助

義山様御部屋住之時分御歩行衆に被召出、御切米弐両・四人御扶持方被下置御奉公相勤候処病死仕、子共無御座候付、拙者親五郎右衛門伊藤外記三男に御座候を右茂助妹に取合、名跡に被成下度段奉願候処願之通被仰付候。年号・御取次不承伝候。其以後戸田喜太夫御横目被仰付、首尾能相勤申候に付、弐両之御加増被下置御切米四両・四人御扶持方に被成下候。年号・御取次相知不申候。右五郎右衛門儀寛文七年極月病死仕嫡子勘太郎儀は伯父片平伝右衛門家督に被仰付候に付、拙者儀は次男に御座候得共跡式無御相違同八年四月古内志摩を以拙者に被下置、拙者儀少進に御座候付、私兄片平伝右衛門御知行高之内壱貫弐拾六文之所拙者に被分下度旨奉願候処、如願之被分下之旨、延宝六年十月黒木上野を以被仰渡候。当時知行壱貫弐拾六文と御切米四両・四人御扶持方に御座候。

以上

延宝七年十月廿二日

34　横山弥右衛門

一　拙者儀葛西浪人にて罷在候処
義山様御部屋住之時分、寛永十一年被召出、野谷地壱町被下置自分にて起立御知行に結御奉公可仕旨鴇田駿河を以被仰付候。然処右野谷地開発御知行高壱貫文之所承応弐年十月三日山口内記・真山刑部を以被下置引続御奉公相務罷在候。以上
延宝五年正月十七日

35　男沢甚左衛門

一　拙者先祖葛西譜代に御座候。
義山様御代被召出、御部屋之節御新田御取立被成置候刻、寛永十年鴇田駿河を以桃生郡深谷前谷地村にて野谷地被下置、寛永十八年惣御検地之時分御竿被相入、高壱貫文之所古内故主膳を以拝領仕、御番外にて在々御鳥見御用并御普請方御用数年相勤罷在候処、寛文十一年正月十一日古内志摩を以御広間御番所被仰付候。右御知行高之通御黒印・御下書共に頂戴仕候。以上
延宝五年二月四日

36　摺沢五郎助

一　拙者親摺沢二兵衛儀、葛西浪人にて罷在候処

義山様御部屋之時分寛永十一年被召出、野谷地壱町被下置自分起立、御知行に結御奉公可仕旨鴇田駿河を以被仰付候。右野谷地開発仕御知行高壱貫文之所承応弐年十月三日山口内記・真山刑部を以被下置候。然処親二兵衛隠居仕度段願差上候処、承応三年六月五日山口内記を以右二兵衛跡式無御相違拙者に被下置候。引続在々御用相勤申候処、寛文十一年正月廿一日に古内志摩を以御番入被仰付候。以上

延宝五年三月二日

37 作間喜左衛門

一 拙者儀越前守様御小性に寛永十七年極月五日より被召仕候付、御切米三両・四人御扶持方寛永十八年四月十九日に山口内記を以被下置候。但六年御奉公相勤申候。其後慶安元年三月十六日より虎之間御番所被仰付候。当年迄廿九年無懈怠相勤申候。拙者事男子持不申候付、間宮彦兵衛五男新三郎聟苗跡に申合、知行高壱貫文持参仕御切米御扶持方へ差加申筈に親類双方連判を以寛文十二年極月十日其時之御番頭大内備前末書を以古内志摩所迄願之書物差上申候処、寛文十三年二月廿七日願之通被成下旨柴田中務を以被仰渡右高壱貫文被分下候。以上

延宝四年十二月十六日

38 水沼善右衛門

一 拙者親水沼善右衛門儀葛西浪人にて罷在候処義山様御代被召出野谷地壱町被下置、自分に起立御知行に結御奉公可仕旨、鴇田駿河を以被仰付候。然処右之野谷

地開発仕、御知行高壱貫文之所承応弐年十月三日に山口内記・真山刑部を以被下置候。親善右衛門儀寛文六年十二月病死仕候付、跡式無御相違拙者に被下置候旨寛文七年十月二日古内志摩・柴田外記を以被仰渡引続御奉公相勤罷在候。以上

延宝五年二月六日

39　針岡喜右衛門

一　拙者儀葛西浪人にて罷在候処
義山様部屋住之時分寛永十一年被召出、野谷地壱町被下置自分にて起立、御知行に結御奉公可仕旨、鴇田駿河を以被仰付候。在々御用相勤申候。然処右野谷地開発仕、御知行高壱貫文に罷成候を承応弐年十月三日真山刑部・山口内記を以被下置引続御奉公仕候処、延宝三年八月十日大条監物・柴田中務を以御番入被仰付候。以上

延宝五年正月十三日

40　男沢六右衛門

一　拙者儀葛西牢人に御座候処
義山様御部屋住に寛永十一年鴇田駿河を以被召出、桃生郡深谷前谷地にて御新田壱貫文古内故主膳を以被下置候。以上

延宝五年正月十八日

41 女川新七

一 拙者儀葛西浪人に御座候処
義山様御代野谷地壱町被下置自分起立、御知行に結御奉公可仕由鴇田駿河を以被仰付候。右之野谷地開発御知行高壱貫文之所承応弐年十月三日山口内記・真山刑部を以被下置引続御奉公仕候。以上
延宝五年二月六日

42 宇角甚兵衛

一 拙者先祖国分譜代牢人にて罷在候処に
御当代柴田外記手前物書役に、私二十六歳にて万治四年正月右外記を以被召出、同二月於江戸外記を以御切米弐両・四人御扶持方被下置、寛文三年八月大条監物手前物書不足に付て被相譲、同年極月於江戸茂庭中周防を以御切米三両・御扶持方三人分御加増被下五両七人分に被成下候。且又拙者儀男子持不申候に付、但木弥兵衛次男七十郎聟養子に被仰付、右弥兵衛知行高之内壱貫文拙者被分下度段奉願候処、願之通被成下之旨、延宝五年閏十二月小梁川修理を以被仰渡、当時拙者進退御知行壱貫文・御切米五両・御扶持方七人分に御座候。以上
延宝七年六月十八日

43 佐藤五兵衛

一 拙者儀佐藤主殿実孫に御座候処、無進退に付て従弟本郷清三郎知行高之内壱貫文被分下度段願上候処、願之通被

成下之旨延宝六年三月小梁川修理を以被仰渡、佐々伊賀御番所御広間被仰付致勤仕候。以上

延宝七年六月十九日

御鷹師衆

御知行被下置御牒（五十八）

弐拾弐貫九百弐文より
壱貫弐百五拾四文迄

御鷹組師

1 金森三丞

一 拙者先祖葛西譜代御座候。私実父金森彦左衛門儀浪人にて西岩井之内一之関村罷在候処貞山様御代伊達古上野殿仰立を以被召出、御知行五貫文拝領仕候由承伝候。何年に誰を以被下置候哉不承伝候。其後野谷地申請自分開発仕、高九百三拾文之所被下置、本地合五貫九百三拾文之高被成下候。年号・御申次は不承伝候。右彦左衛門儀西岩井御郡代官被仰付、其以後名取郡へ御役所替被仰付、右御用数年相勤申候。然処病人罷成御用勤兼申に付、一之関村に夏御鳥屋被相立被指置候条、御奉公不仕罷在候儀恐多奉存、御鳥屋守に成共罷成度由申上候得は、如願被仰付御鷹師御奉公仕候。中津山へ御鳥屋被相移時分彼地迄罷越相勤申候。義山様御代寛永十八年惣御検地之砌、二割出目壱貫弐百三拾弐文被下置候。都合七貫百六拾弐文之高に被成下、寛永廿一年八月十四日之御黒印奉頂戴候。拙者儀寛永七年に別て御切米弐切と銀拾弐匁八歩・御扶持方三人分被下置、御鷹師組寛永七年松本源左衛門を以被召出候。親彦左衛門申上候は其身に被下置候御知行拙者に被下、拙者御切米御扶持方之通彦左衛門被下置、進退替々に被成下度旨申上候処如願被仰付之段、慶安二年二月鈴木三弥を以被仰渡候。同年十二月廿八日之御黒印拙者奉頂戴候。彦左衛門儀同年九月廿二日中津山於御役所病死仕候。其砌右御切米御扶持方は被召上、且又寛文元年十一月十六日

御当代御黒印奉頂戴候。拙者儀江戸仙台定詰仕御鷹師御奉公寛文三年迄三十四ヶ年相勤申候。寛文十三年伊達上野殿御拝領之野谷地之内先代より久出入仕者候間、分渡被下度由にて上野殿以御願拙者に被下候。自分開発高三貫百拾四文之所被下置旨延宝六年四月廿二日黒木上野を以被仰渡候。白川主殿御拝領新田起目之内壱貫八百八拾壱文之所別て出入仕者に候間、分渡申度旨依御願被下置候。芦名刑部拝領新田起目之所親代より別て出入仕、其上小身御座候付取立申度奉存候間、願之通被分下候様に仕度由願上被申候。下郡山隼人拝領之内新田起目壱貫四百四拾五文、飯野三右衛門拝領之内新田起目壱貫三百九拾八文右両人は由緒有之付分渡申度由願上被申候付被下置候。右四口合六貫百拾八文之所延宝六年四月廿二日に黒木上野を以拙者に被下置候。拙者致拝領候野谷地自分開発高弐貫九百拾七文之所、且又芦名刑部拝領新田起目三貫五百九拾壱文之所、拙者に被分下度由右刑部願被申上候付、拙者拝領之新田へ取合六貫五百八文之所延宝六年十月十八日黒木上野を以拙者被下置候。都合弐拾弐貫九百弐文之高に被成下候。右新田起目被下置候以後之御黒印は頂戴不仕候。以上

延宝七年三月廿六日

2　蓬田九右衛門

一　拙者先祖伊達御譜代御座候由承伝候。
誰様之御代拙者先祖誰を被召出候哉承伝不申候。
輝宗様御代拙者祖父蓬田今右衛門御奉公仕候由承伝申候。何時誰を以被召出、如何様之御奉公仕、進退高何程に御座候哉不奉存候。
貞山様御代慶長三年右今右衛門相果申候。其節親九左衛門幼少に御座候故跡式被相禿候。然処
貞山様御代慶長十三年右九左衛門十八歳にて御鷹師組に被召出、御知行高三貫百八拾八文被下置候由、誰を以被下
置候哉不承伝候。其以後御奉公能仕候由、
貞山様被仰出、元和三年御加増之地八貫文中島監物を以右九左衛門に被下置、本地都合拾壱貫百八拾八文に被成下
候。
御同代寛永七年九月親九左衛門病死仕候。拙者儀幼少御座候得共九左衛門御奉公能仕候由被仰立、中島監物を以同
年霜月十三日拙者八歳にて跡式無御相違被下置候。高城外記・黒沢久左衛門御下書所持仕候。
義山様御代寛永廿一年二割出目を以拾三貫四百文に被成下御黒印頂戴仕候。寛文元年
御当代御黒印頂戴仕御鷹師御奉公相勤申候。以上
延宝五年四月廿六日

3　半沢金右衛門

一御先祖様伊達御時代拙者高祖父半沢河内・其子平六・其子雅楽丞迄刈田之内小原に居住仕、三騎党と申馬上にて御
　奉公仕候由承伝候。御知行高何程拝領仕候哉、且又
誰様御代先祖被召出候哉、高祖父已前之儀承伝無御座候。
貞山様岩出御時代右雅楽丞御知行高五貫弐百文拝領、引続馬上並之御奉公仕罷在候処、伏見被遊御在番候時分御国
元より御鷹十二居被為相上候節、御鷹師衆不足御座候付、御家中不寄誰に御鷹鍛錬成者を可申上由、屋代勘解由
を以瀬成田市丞に被仰付候。兼て鷹数奇成者申上候処、右雅楽丞にも被仰付居罷登候処、残御鷹共道中にて段々
怪我仕候処、幸雅楽丞居参候御鷹無恙上着仕候付、則御献上可被遊候間旅装束之儘にて可罷出由被仰付罷出候処、
大閤様御前へ被召出、有難
上意之上御小袖拝受退出仕、右之趣遂披露候処、御褒美被遊以後引続御鷹師御奉公被召仕候由承伝候。
御同代右雅楽丞病死仕付、跡式同氏平六左衛門被下置候。右家督段々被下置年号・御申次等不承伝候。
御同代野谷地御新田拝領仕、其起目五貫弐百弐拾文親平六左衛門被下置、都合地高拾貫四百弐拾文に被成下候。右
新田誰を以拝領仕候哉年号等不奉存候。寛永廿一年惣御検地之節、御竿入弐貫八拾文二割出之所、何も並に御加
増に被成下、本地合拾弐貫五百文之高に被結下候。御黒印拝受仕候。右之品々委細不奉存候条承伝如此御座候。
親平六左衛門六十七歳にて寛文三年正月十二日病死仕候付、拙者三十八歳にて、跡式知行拾弐貫五百文之所無御
相違被下置候旨、同年七月十五日其時之御申次里見十左衛門・渋川助太夫を以被仰付、引続御鷹師御奉公相勤申
候。以上
　延宝五年四月四日

4 荒井善九郎

一　拙者先祖伊達御譜代之由承伝申候。

誰様御代拙者先祖誰を何時被召出候哉不承伝候。曽祖父畑甚右衛門・嫡子同氏宮内引続御奉公仕由御座候得共、右甚右衛門何時誰を以何御奉公被召仕候哉、勿論進退高等不承伝候。

貞山様御代拙者親同氏外記右宮内嫡子御座候処、御不断衆御奉公被召仕、外記十六歳にて高麗陣へ御供仕候由承伝申候。其以後御鷹方御奉公申上候処、御鷹師頭荒井但馬と申者進退被仰付候付、右外記御知行拾八貫文被下置御鷹師頭被仰付、畑之名字荒井改名中島監物を以被仰付候由承伝申候。年号は不奉存候。拙者未生已前に実子無御座候付永島源左衛門を以隠居願申上、聟今村伝右衛門右御知行高無御相違被下置、御鷹師頭共に被仰付候。其節外記隠居分別して御知行拾貫文被下置候。御取次・年号は不承伝候。

貞山様若林へ御移被遊候節、御供仕候由承伝申候。其後御鷹師頭松元源左衛門と申者進退就被仰付候、右外記御加増五貫文被下置、拾五貫文にて御鷹師頭被仰付候。御取次・年号は不奉存候。寛永廿一年二割出を以拾八貫文被成下候。

義山様御代拙者幼少御座候付て、親隠居跡式弟同氏善内に被下置度由田中勘左衛門を以申上、御知行無御相違被下置、御鳥屋頭共右勘左衛門を以被仰付候。年号は不奉存候。拙者儀同名外記実子にて右善内には甥御座候条、善内儀実子無御座候付隠居仕跡式拙者被下置度願、鈴木主税・内馬場蔵人を以申上候処、願之通隠居被仰付、御知行高無御相違拙者に被下置旨明暦二年二月廿七日右両人を以被仰渡、御鳥屋頭共に被仰付候。御黒印頂戴仕候。御当代罷成御鷹御勘定証文之儀に付不調法仕候故御知行三分一被召上、残拾弐貫文にて御鷹師組被仰付候。御知行

高之御黒印奉頂戴候。以上
延宝五年四月廿七日

5　半田次郎左衛門

一　拙者高祖父松岡美濃介
稙宗様へ御奉公仕候由承伝候。委細之儀は惣領筋目御座候条、松岡清右衛門方より可申上候。曽祖父半田尾張儀、右美濃介実三男にて松岡尾張と申候。
晴宗様へ御奉公仕御知行数ヶ所被下置、半田と改名可仕由被仰付候由、如何様之儀を以御知行被下置半田と改名被成下候哉、委細不奉存候。承伝を以若是御座候。然処右尾張不慮之儀御座候て
輝宗様御代蒙御勘気浪人罷成候。祖父半田次郎左衛門於岩出山
貞山様御代被召返、御切米・御扶持方被下置御鷹師御奉公被仰付候。誰を以被召返候哉、又御切米御扶持方何程被下置候哉不承伝候。其後御知行拾壱貫八百三拾六文被下置候。右御知行如何様之品を以何年に誰を以被下置候哉不承伝候。勿論右御切米御扶持方は被召上候。右知行高之内名取郡増田村三貫弐百八拾四文之所荒地に罷成候付指上申、残八貫五百五拾弐文にて御奉公相勤申候処、寛永廿一年二割出被下置高拾貫三百文被成下候。御黒印所持仕候。
義山様御代祖父次郎左衛門儀老衰仕御奉公勤兼候付致隠居、実子八左衛門跡式被下置度旨願申上候処、願之通慶安三年永島源左衛門を以親八左衛門跡式無御相違被下置候。

綱宗様御代親八左衛門儀万治二年八月十三日病死仕候付、跡式実子拙者被下置度旨願書物指上申候処、願之通同年十二月廿九日内馬場蔵人・鈴木三弥・松崎十太夫を以跡式無御相違拙者被下置、尤拾貫三百文之御黒印頂戴所持仕候。
御当代右知行高之内岩井郡寺沢村地形地続切添起目新田壱貫五拾五文御座候付、拝領仕度由願書物指上申候処、願之通延宝元年十月廿九日大条監物を以被下置、都合高拾壱貫三百五拾五文拝領仕、御鷹師御奉公相勤申候。以上
延宝五年四月廿一日

6 山田善左衛門

一貞山様御代拙者祖父山田善左衛門儀御切米小判四両・五人御扶持方被下置、御鷹方御奉公に被召出候。義山様御幼少之節御小座住へ被相付、其後御隼御鳥屋頭被仰付、義山様御入国被遊御切米御扶持方被召上、御知行拾貫文古内古主膳を以拝領仕候由承及候。委細之儀不奉存候。右善左衛門儀慶安二年七月五日病死仕、跡式親善左衛門無御相違被下置、引続御役目共田中勘左衛門を以被仰付御奉公相勤申候。右被召出且又御知行拝領家督被仰付候年号不承伝候。然処延宝二年五月廿五親善左衛門病死仕候付、右御知行拾貫文之所無御相違拙者被下置、御役目共に引続被仰付旨同年九月九日佐藤長左衛門申渡候。継目御書付各務采女・鈴木主税相出、御蔵之書替所持仕候。以上
延宝五年三月廿七日

7 佐藤木工左衛門

一 拙者養祖父佐藤甚丞御知行高弐拾三貫四百文御座候処、男子無之付て又五郎と申者養子に仕、且又拙者親木工右衛門二男分養子仕指置申候処、右甚丞隠居之願申上候節、右御知行高之内拾三貫四百文惣領又五郎に被下置、残拾貫文は二男拙者親木工右衛門分被下度旨
義山様御代願申上候処、願之通被分下旨慶安四年十二月十三日に木村久馬・内場蔵人を以被仰付、御知行高拾貫文之御黒印頂戴仕候。木工右衛門儀明暦四年三月病死仕候付、跡式願鈴木三弥・内馬場蔵人を以申上候処、同年九月廿三日願之通跡式御知行拾貫文之所無御相違三弥・蔵人を以拙者被下置候。寛文元年霜月十六日
御当代御黒印頂戴仕、御鷹師御奉公致勤仕候。右甚丞先祖之儀は惣領筋目佐藤又五郎可申上候。以上
　延宝五年四月廿六日

8 木村助之丞

一 私祖父木村上野儀長江月鑑一門御座候て、深谷譜代御座候。然処
貞山様伊達被為成御座候御時葛西侍討可申由月鑑弟渡部讃岐右上野に被仰付候付て、深谷之内糠塚と申所にて西郡新右衛門と申者出合新右衛門討取、上野儀は深手を受、其所にて相果申候由承伝候。上野実子助作拙者実父御座候。右助作幼少之砌母共に浪人仕居申、助作成人仕、右讃岐を頼
貞山様御代御鷹師組に罷出候。御切米御扶持方は其節何程被下置候哉不奉存候。
御同代御知行高九貫八百四拾五文被下置候。何之品にて何年に誰を以被下置候哉不奉存候。其後北目村・福田村に

て野谷地起目百五拾五文之所、
義山様御代田中勘左衛門を以寛永十七年四月九日に被下置、高拾貫文被成下御黒印頂戴仕候。其以後改名助之丞に
罷成候。
御同代ニ割出目寛永廿一年八月十四日に被下置、都合拾弐貫文被成下候。右之内弐貫文拙者姉聟佐藤勘十郎被下置
度由願上、永島源左衛門を以右弐貫文之所勘十郎被下置候。何年に被下置候哉不奉存候。残所拾貫文之御黒印奉
頂戴候。右助之允慶安四年八月七日病死仕候。跡式無御相違永島源左衛門を以私被下置候。右御知行高拾貫文之
御黒印寛文元年十一月十六日奉頂戴候。以上
延宝五年四月廿六日

9 和田久兵衛

一 拙者舅和田久兵衛伊勢浪人御座候て、
貞山様御代御切米御扶持方にて御鷹方御奉公に被召出之由、員数は承伝不申候。大坂御陣へ御供仕候。其以後御知
行五貫弐拾九文・御扶持方四人分・御借御人足壱人・御借馬壱疋被下置、御隼頭被仰付候。年月は不承伝候。
御同代右久兵衛男子無御座候付、存生之内より拙者聟名跡被成下度由申上候処、願之通中島監物を以被仰付候。拙
者親は今村下野実弟御座候。無足にて下野加配相受罷在今村次右衛門と申候。
義山様御代寛永十六年三月廿六日右久兵衛病死仕、同年五月十四日御借馬は被召上、御知行五貫弐拾九文・御扶持
方四人分・御人足壱人古内伊賀・田中勘左衛門を以拙者に被下置候。其以後惣御検地ニ割出目被下置、六貫弐拾

九文被成下、右之御黒印寛永廿一年頂戴仕候。
御同代明暦二年極月廿六日右御扶持方・御借御人足被召上、為御加増御知行三貫九百七拾壱文鈴木三弥・内馬場蔵人を以拝領仕、本地合拾貫文被成下候。
御当代にも右拾貫文之御黒印頂戴仕候。以上
延宝五年三月十一日

10　尾崎内蔵助

一　拙者祖父尾崎三河儀岩城浪人御座候処
貞山様御代被召出、御切米壱両・四人御扶持方被下置御鷹師衆被食仕候。年号・御取次不奉存候。右三河病死仕候付、嫡子金平十三歳罷成砌
貞山様御代慶長十一年右御扶持方御切米無御相違被下置、引続御奉公致勤仕御取次不奉存候。右金平儀数年御奉公無恙相勤申候旨被仰立
貞山様御代寛永十一年御知行本地拾貫文被下置、持来御切米御扶持方は被召上之由中島監物・二宮五助を以被仰渡候趣承伝申候。御黒印は
義山様御代初之時分、何も被召上候砌、指上申由承伝申候。
義山様御代寛永年中御領内へ御検地被相入、御割出を以御知行高拾弐貫九百文被成下候。右金平儀内蔵助と改名被仰付候。右内蔵助儀男子無御座候に付て甥相原九右衛門聟養子に仕候。以後拙者出生名は百助と申候。私四歳に

罷成候節、右内蔵助相煩申付、田中勘左衛門・永島源左衛門を以奉願候は、御知行高拾弐貫九百文之内三貫文聟九右衛門被分下、残九貫九百文之所嫡子百助に被下置度奉存候旨申上候処

義山様御代正保二年極月二日、右両人を以親内蔵助奉願候通、持来御知行高之内三貫文右九右衛門被分下、残九貫九百文拙者に被下置候旨被仰渡御黒印頂戴奉所持候。後拙者儀金平と改名被仰付候。

御当代之御黒印頂戴奉所持候。其後内蔵助と改名被仰付、引続御鷹師御奉公致勤仕候。以上

延宝五年三月廿三日

11 仏坂加賀

一貞山様米沢に被成御座候時分拙者祖父仏坂兵庫葛西へ奉公仕候内

貞山様御鷹数寄承及兵庫も鷹数寄御座候故、其節之知行所仏坂村にて罷出候兄鷹一居兵庫米沢へ持参

貞山様へ致献上御目見仕候。其以後葛西没落之刻

貞山様より葛西侍共深谷へ被為呼候付て兵庫も参候処

貞山様より被仰付候は兵庫在所は鷹出候処と被為覚候間、早々罷帰鷹を為持候様にと被仰付候条、則罷帰候得ば其翌日右侍共罷出候分は皆々御誅伐被成置候。右兵庫被相返候儀は米沢にて御目見仕候を御覚被成、仏坂兵庫は前々より忠義之者候間可被相助由にて、右之通被仰付候と、兵庫承及候由申伝候。身命被相助有難奉存罷在候内、慶長年中中島監物を以被召出、御知行四貫三百四拾六文被下置上、兵庫は鷹数寄之者と被為覚候間、東山中にて罷出候御鶴兵庫在所仏坂村へ直々為納、冬通仕指上可申由、瀬成田古市丞を以被仰付、兵庫屋舗近所御鷹部屋被

立下右御奉公相勤申候由申伝候。
貞山様御代元和年中、祖父兵庫老衰隠居仕度段、中島監物を以奉願跡式無御相違四貫三百四拾六文之地拙者親実子同名内膳被下置、引続右御鷹部屋に被付置候由に御座候。
義山様御代惣御検地以後寛永廿一年二割出目八百六拾文被下置、右本地都合五貫弐百六文之御知行高に結被下親内膳改名兵庫に被仰付御黒印所持仕候。
義山様御代明暦二年野谷地申請自分開発、新田起目弐貫四百七拾七文拙者被下置旨
綱宗様御代万治三年二月十日茂庭周防・富塚内蔵丞を以被下置候。拙者親老衰仕候故、拙者名代万御奉公仕付て拙者名付にて右新田被下置頂戴仕候。
綱宗様御代万治三年に親兵庫老衰隠居仕度段、内馬場蔵人・中村数馬・松崎十太夫を以奉願、跡式五貫弐百六文之地無御相違拙者被下置旨、同年三月十三日右三人を以被仰渡、至
御当代右新田本地都合七貫六百八拾三文之御知行高被結下候。御黒印頂戴仕候。延宝元年十月廿九日知行地続切添起目五百弐拾九文之所御知行高に被結下旨大条監物を以被仰渡、覚書所持仕、本地都合八貫弐百弐文当時拝領仕、御鷹師御奉公相勤申候。以上
延宝五年四月二日

12　庄子五郎助

一　黒沢次郎吉先祖黒沢筑後儀会津盛氏へ御奉公仕罷在候処、会津御手に入申候節此方へ御供仕候て、右筑後弟次郎

吉、祖父黒沢金六儀
貞山様御代御鷹師組被召出、御扶持方四人分・御切米壱両弐歩被下置候処、元和五年極月廿日桃生郡深谷之内上下堤・同若針両所之野谷地壱万苅中島監物を以被下置候。御黒印于今所持仕候。右之谷地開発御竿入、高七貫四百五拾弐文之所拝領仕候。其節御切米は被食上候。誰を以被下置候哉勿論年号不承置候。
義山様御代寛永廿一年八月十四日に被下置候御黒印所持仕候。右金六儀
綱宗様御代万治元年三月十八日隠居被仰付、跡式無御相違同子藤兵衛に松崎十太夫を以被下置。御黒印
御当代寛文元年霜月十六日之御日付にて頂戴仕候。右藤兵衛儀寛文十一年極月廿日病死仕候。跡式無御相違、同十二年三月十九日実子次郎吉七歳之時各務采女を以被下置候。御黒印寛文十二年三月廿三日之御日付にて頂戴仕候。当時御知行高七貫四百五拾弐文・四人御扶持方御座候。次郎吉幼少付て十五歳迄は拙者に御番代被仰付、御奉公相勤申候条若是御座候。以上
延宝五年四月廿六日

13 本郷甚内

一 私祖父本郷次右衛門儀元来国分浪人之由承及申候。

貞山様御代慶長八年右衛門御切米壱両・御扶持方四人分を以、御鷹師衆に被召出之由承伝申候。御取次は不奉存候。

義山様御代へ引続御奉公仕段々御加増被成下、御切米四両・御扶持方四人分被下置候。右御加増被下置候年号・御申次不承伝候。然処右次右衛門儀実子持不申付、聟斎藤六右衛門嫡子拙者を養子に可仕之旨

義山様為御意被仰付、右次右衛門明暦二年木村久馬・内馬場蔵人を以御知行本地七貫文被下置御黒印頂戴仕、右御切米御扶持方被召上
綱宗様御代御当代迄引続御奉公相勤、七拾七歳にて御奉公不罷成候付、寛文四年里見十左衛門・各務掃部を以隠居奉願候処、願之通隠居被仰付、跡式無御相違拙者に被下置旨寛文四年十一月十五日右両人を以被仰渡候。尤御黒印頂戴仕御鷹方御奉公致勤仕候。以上
延宝五年三月廿二日

14　佐藤兵助

一　私祖父佐藤文助二男同氏金右衛門儀
貞山様御代御知行高三貫文茂庭了庵を以被下置、御鷹師衆に被召出候由承伝申候。寛永年中之二割出目被下置三貫六百文被成下、其以後右金右衛門舅木村助之丞御知行高之之内弐貫文之所右助之允願指上
義山様御代に、永島源左衛門を以右金右衛門に被下置、都合五貫六百文被成下候。右之品々被仰渡候年月は不奉存候。金右衛門儀承応三年病死跡式嫡子勘十郎無御相違
御同代同年六月十日に右源左衛門を以被下置御黒印頂戴仕候。私儀は須田十兵衛実子四男御座候処、右勘十郎実子持不申付存生之内養子仕置申候。勘十郎儀寛文八年四月病死、跡式拙者に無御相違
御当代同年七月三日各務采女・大町権左衛門を以被下置御黒印頂戴仕御鷹師御奉公仕候。先祖之儀は佐藤勘五郎可申上候。以上

延宝五年四月廿三日

15 佐藤亦八

一貞山様御代拙者親同氏長兵衛儀御切米・御扶持方被下置、御鷹師組被召出御奉公仕候処、親長兵衛伯父佐藤孫助儀

義山様御代左京様へ被進候砌、右孫助被下置御知行高三貫六百文之所田中勘左衛門・永島源左衛門を以右長兵衛に被下置、右長兵衛御切米御扶持方は被召上候。然処明暦三年鈴木主税・内馬場蔵人を以御知行壱貫四百文御加増被下置、御知行御本地高五貫文被成下候。拙者忰にて委細之儀は不奉存候。明暦四年六月九日親長兵衛儀病死仕候処

綱宗様御代万治二年五月廿八日、奥山大学を以跡式無御相違拙者に被下置候段、荒井善内申渡、右御知行御黒印頂戴仕候。以上

延宝五年三月廿六日

16 遠藤勘之助

一貞山様御代拙者親遠藤勘助儀寛永十三年御切米御扶持方被下、御鷹師組被召出、明暦三年御加増被下置、御切米弐両・四人御扶持方被成下候由承申候。

御当代寛文七年伊達上野殿開発起目御新田之内四貫三百拾壱文之所親勘助に被分下度由依御願、同年五月廿九日親

勘助被下置候。右御知行誰を以被下置候哉、委細不奉存候。寛文十二年二月六日親勘助儀病死仕候。右御知行四貫三百拾壱文并御切米弐両・四人御扶持方同年四月十五日各務采女を以無御相違拙者被下置候段、古佐藤長左衛門申渡候。右御知行御黒印頂戴仕候。以上

延宝五年三月十四日

17　鹿又忠左衛門

一貞山様岩出山御時代、拙者祖父鹿又九蔵御切米御扶持方被下置、御鷹師御奉公被召出候由、御切米御扶持方何程被下置候哉

御先代之儀御座候故不奉存候。

御同代右九蔵御知行三貫四百五文被下置、右御切米御扶持方被召上候由承及候。

御同代右九蔵病死仕候。拙者親鹿又忠左衛門儀九蔵実子御座候間、跡式三貫四百五文之所被下置、引続御鷹師御奉公相勤申由御座候。右御切米御扶持方如何様之品を以御知行に何年誰を以被直下候哉、右跡式被仰付候御申次等不承伝候。

義山様御代惣御検地之砌、右忠左衛門本地三貫四百五文之所へ二割出目被相加、四貫八拾五文被成下置由及承候。

御当代右忠左衛門儀寛文七年正月二日病死仕候。忠左衛門実子持不申候付、拙者儀忠左衛門女房実弟に御座候を、二歳より養子に仕指置申候。拙者十九歳罷成候。跡式被下置度旨親類共連判願書物を以申上候得ば願之通被成下

右御知行四貫八拾五文之所無御相違拙者被下置之旨、同年三月十八日渋川助太夫より堀源兵衛を以申渡御黒印頂

戴仕、引続御鷹師御奉公相勤申候。以上

延宝五年四月四日

18 金成彦兵衛

一拙者祖父金成隼人儀最上義光公へ御奉公仕、最上相禿申候以後貞山様代元和九年中島監物を以被召出、御知行拾貫文被下置候付て従最上妻子召連御当地へ罷越候処、隼人儀御目見仕候迄にて、御奉公も不仕病死仕候由、然処幼少之娘一人有之段相達御耳、浪人者妻子及飢可申処不便被思召付て、佐藤甚之丞継子甚蔵右娘に御取合、御知行三貫文を以隼人名跡被立下由右監物を以被仰付、其上甚蔵儀御鷹師御奉公被仰付由、寛永年中惣御検地之節、御竿出目共に、三貫八百九文之高被成下由承伝候。年号等委細不承伝候。甚蔵儀寛文七年病死仕跡式右知行高之通、実子拙者被下置度由親類共奉願候処、無御相違被仰付由同年十一月十六日御小性頭渡部金兵衛申渡、右知行高之通御黒印頂戴仕御鷹師御奉公仕候。以上

延宝五年三月廿三日

19 富沢平八

一貞山様御代拙者曽祖父富沢出雲最上浪人御座候て御当地へ罷越、其節中島監物を以御鷹師御役目被仰付、御知行高五貫文被下置被召出由承及候。何年に被召出候哉不承伝候。然処元和六年九月十一日出雲病死仕候処、男子無御座候付、最上浪人にて出雲聟に御座候佐藤対馬実子平八を跡式に申立

貞山様御代祖父平八に右監物を以五貫文之内三貫文被下置候由及承候。何之品にて三貫文被成下、跡式何年に被仰付候哉不承伝候。已後寛永廿一年二割出被下置、都合三貫六百文被成下候。御黒印于今奉所持候。
義山様御代右平八松前へ御鷹買に被遣罷帰候に道中にて落馬仕、正保四年二月十六日死去仕候処、男子無御座候付中村権四郎弟三郎右衛門聟名跡申立、正保四年
義山様御代無御相違永島源左衛門を以親三郎右衛門に跡式被下置候。御黒印于今所持仕候。其以後右三郎右衛門寛文四年七月廿四日病死仕候付、跡式拙者に被下置度旨親類共連判仕渋川助太夫を以奉願
御当代寛文四年十月十八日右助太夫を以無御相違被下置三貫六百文御黒印頂戴所持仕候。御鷹師御奉公相勤罷在候。以上

延宝五年四月十一日

20　凌勘右衛門

一貞山様御代拙者親凌勘右衛門儀御切米御扶持方被下置御鷹師組に被召出
義山様御部屋住に被相付、段々御加増被下置三両四人御扶持方被成下候。
御同代開発起目新田三貫四百拾七文寛永十六年古内伊賀・田中勘左衛門・永島源左衛門を以拝領仕候。右御知行拝領仕候品委細不奉存候。親勘右衛門儀中津山御鷹部屋へ被相付、御奉公相勤申候。然処男子持不申候付拙者儀右勘右衛門実甥御座候条、幼少より養子に申合指置申候処、万治二年極月廿二日病死仕候。右御知行三貫四百拾七文并御切米三両・四人御扶持方万治三年三月廿五日鈴木主税・内馬場蔵人・松崎十太夫・中村数馬を以拙者無御

相違被下置、引続中津山御鷹部屋に被付置候段、古佐藤長左衛門申渡候。右御知行御黒印頂戴仕候。以上

延宝五年三月十五日

21 田代善八

一 私祖父田代彦作儀国分譜代御座候由承伝候。

貞山様御代御鷹師組に被召出、御切米御扶持方被下置候由御座候。誰を以被召出、何程御切米御扶持方何年に被下置候哉不奉存候。

御同代御切米被召上、御知行三貫三百文・四人御扶持方被成下候由承伝候。何年に右之通被成下候哉不奉存候。右彦作寛永十一年極月病死、跡式実子幼少之小六に無御相違被下置候。其後改名彦作に罷成候。

義山様御代寛永廿一年八月十四日御黒印頂戴仕候。右彦作延宝元年霜月廿一日病死、跡式無御相違

御当代延宝二年二月三日実子拙者に油井善助・各務采女を以被下置候。幼少にて拙者迄二代跡式相続仕候故、先祖之儀委細不奉存候。御知行高当時右三貫三百文・四人御扶持方に御座候。以上

延宝五年四月廿四日

22 金成善右衛門

一 拙者親金成善右衛門儀最上浪人御座候。

貞山様御代被召出、御切米三両・御扶持方四人分被下置、御鷹師組被食仕候。寛永十四年

義山様御代御隼鳥屋頭被仰付御奉公仕候。万治元年極月致病死候付て、於江戸大殿様へ奥山大学被申上候得ば跡式無御相違御隼鳥屋頭共に被仰付旨古内中主膳被申渡由、其節之寄親中島古日向万治二年二月十日被申渡候。然処中島清十郎加美郡之内にて拝領仕候新田起目之内、三貫文之所拙者に被下置度旨、清十郎所より願申上候得ば於江戸小梁川修理・大条監物被申上、願之通被仰付之由延宝五年二月十日柴田中務被申渡候。御知行高三貫文・御切米三両・御扶持方四人分御座候。以上

延宝五年四月廿八日

23　金子久左衛門

一　拙者親金子久左衛門儀越後譜代御座候由承伝候。

貞山様御代御鷹師組被召出、御切米御扶持方被下置御奉公相勤申候。誰を以被召出候哉不承置候。大坂御陣場へも御供仕、罷登候由承置候。

御同代元和五年野谷地新田に申請、新田起目右御切米御知行に被直下、両様合御知行高弐貫八百九拾六文と四人御扶持方被成下候。何年に誰を以被下候も不承置候。勿論御切米何程を新田起目へ取合、右之高に被成下候も承置不申候。

義山様御代寛永廿一年八月十四日御日付之御黒印、親久左衛門頂戴仕致所持候。

御同代明暦元年三月五日親久左衛門隠居被仰付、跡式無御相違鈴木主税を以拙者に被下置候。明暦二年七月廿二日御日付之御黒印頂戴仕候。

御当代寛文元年十一月十六日御日付之御黒印頂戴仕候。当時御知行高弐貫八百九拾六文・四人御扶持方御座候。以

上

延宝五年四月廿六日

24　粟　野　猪　之　助

一　拙者祖父粟野惣兵衛儀元来大崎譜代之由承伝申候。

貞山様御代寛永廿一年八月御知行二貫四百拾七文・御扶持方四人分被下置御黒印頂戴仕、御鷹師組に被召出由承伝申候。誰を以被下置候哉不奉存候。

義山様御代右惣兵衛隠居願申上候処、実子同氏金三郎御知行御扶持方共に、無御相違慶安元年十一月被下置御黒印頂戴仕候。其節誰を以被下置候哉不奉存候。

御当代にも右金三郎に被下置候御黒印所持仕候。右金三郎儀延宝三年七月病死、跡式

御同代御小性頭大松沢甚右衛門・油井善助・渋川助太夫を以同年十一月拙者に被下置由被仰渡候。御黒印は于今頂戴不仕候。拙者儀幼少御座候故先祖之儀委不奉存候。以上

延宝八年三月十三日

25　堀　甚　七

一貞山様御代拙者親堀甚左衛門儀御切米弐切銀拾弐匁八分・御扶持方三人分被下置、御鷹師組被召出

義山様御部屋住へ被相付、段々御加増被下置御切米三両・四人御扶持方に被成下候。
義山様御代野谷地申請開発、起目新田弐貫百四文寛永十六年古内伊賀を以拝領仕候由承伝候。委細之儀は不奉存候。
万治元年十月十四日親甚左衛門儀病死仕候処、跡式無御相違
綱宗様御代万治元年霜月廿日古内中主膳を以右御切米御扶持方并御知行弐貫百四文拙者に被下置候段、古佐藤長左衛門申渡候。右御知行御黒印頂戴仕候。以上
延宝五年四月三日

26　秋保甚兵衛

一　拙者先祖曽祖父秋保掃部と申者、名取郡秋保竹野内村領地仕罷在候処、
貞山様御領国へ御国替被遊御下向候砌、右掃部所持仕候所被召上罷在候屋舗被下置祖父秋保作右衛門代迄罷在候由承伝候。委細には不奉存候。
貞山様御代右作右衛門儀御切米・御扶持方被下置御鷹師組に被召出候。右御切米御扶持方何程被下置候哉不承伝候。然処
義山様御代野谷地被下置自分開発、起目新田壱貫七百四拾五文之所古内伊賀・永島源左衛門を以被下置候由承伝候得共年号は不承伝候。右作右衛門儀慶安四年五月十一日病死仕候付、右御知行壱貫七百四拾五文并御切米五切銀四匁・四人御扶持方引続拙者親秋保甚兵衛に被下置候。誰を以何年に被下置候哉委細不奉存候。寛文九年二月廿九日親甚兵衛病死仕候処

御当代同九年五月十五日大町権左衛門・渋川助太夫を以跡式無御相違拙者に被下置候段、古佐藤長左衛門申渡候。

右御知行御黒印頂戴仕候。以上

延宝五年四月八日

27 佐藤新八

一貞山様御代拙者祖父佐藤茂右衛門儀、瀬成田市之丞を以御鷹師御奉公被召出、御切米本代七百文・御扶持方四人分被下置候旨承伝候。何年被召出候哉不承伝候。

御同代中島監物を以御加増被下置、御切米四切に被成下候旨承伝候。何年に被下置候哉不承伝候。

御同代不寄誰々御切米御扶持方御知行に相直申度者於有之は、可被直下之旨御割奉行衆高城外記・加藤喜右衛門より御触御座候付、右之御切米并夫銭共に御知行に被直下候様に申上候得ば、願之通寛永八年御知行壱貫三百拾弐文に右両人を以被直下置候。但夫銭は御鷹師衆三人に御人足壱人宛、其節被借下候積を以被直下置候旨承伝候。

何程之御割に御座候哉不奉存候。

義山様御代寛永廿一年惣御検地之節、二割出目三百弐拾八文被下置、本地都合壱貫六百四拾文に被結下御黒印奉頂戴候。外御扶持方四人分被下置候旨承伝候。

貞山様御代拙者親佐藤茂右衛門儀元和六年瀬成田市之丞を以御鷹師御奉公に被召出、御切米本代七百文・御扶持方三人分被下置候。右祖父茂右衛門願同前に申上候得ば右之御切米御知行七百六文被直下置候。

義山様御代寛永廿一年惣御検地之節二割出目百四拾文被下置、本地都合八百四拾六文被結下、御書付被下外御扶持方三人分被下置候。

御同代正保二年田中勘左衛門を以御扶持方壱人分御加増被下置四人分被成下候。

御同代祖父茂右衛門進退拙者親茂右衛門被下置、茂右衛門進退祖父茂右衛門替々に仕度旨鈴木主税・内馬場蔵人を以申上候得ば願之通被成下之旨明暦二年正月十六日右両人を以被仰渡候。

御当代伊達兵部殿より御鷹師御所望付、寛文元年九月二日奥山大炊を以被仰渡、拙者親茂右衛門右兵部殿へ被進、右茂右衛門進退御知行壱貫六百四拾文・御扶持方四人分拙者に被下置候旨、右大炊を以其節被仰渡御黒印奉頂戴御鷹師御奉公相勤申候。以上

延宝七年三月五日

28　小沢八兵衛

一　拙者曽祖父小沢筑後儀田村清顕公へ御奉公仕、嫡子私祖父同氏五郎右衛門儀清顕公御弟田村孫七郎へ属、五郎右衛門儀天正年中摺上御陣所にて討死仕候由承及候。五郎右衛門嫡子六右衛門と申候。拙者儀六右衛門長子御座候。右六右衛門儀は塩松玄蕃と申者甥に御座候付て玄蕃同心仕、御当地へ罷越候由承及候。六右衛門儀私若年之砌相果申に付て先祖之儀委不承伝候。拙父相果已後愚母飢命之躰御座候故、拙者儀元和九年貞山様御代中島監物を以御鷹方御奉公罷出候処御切米弐切と銀拾弐匁八分・三人御扶持方被下置三ヶ年相勤申候処、江戸定詰被仰付十一ヶ年相勤申内御鷹御用被仰付、伊予へ走帰之御使三ヶ度相勤御上洛御供仕候。引続義山様御代御鷹御用にて定詰五ヶ年相勤申候処、寛《ママ》永九年為御加増御切米銀六匁四分・壱人御扶持方中島監物を以

被下置取合御切米三切銀三匁弐分・四人御扶持方に被成下候。其以後寛永十七年黒川郡御鷹場定御鳥見御役目田中勘左衛門を以被仰付相勤申候。同十八年同郡大平村にて、野谷地新田致拝領開起仕、御竿入高壱貫五拾六文正保三年七月田中勘左衛門を以拝領仕同年十二月十日御日付之御黒印奉頂戴候。且又右知行切添拾八文并同所にて御蔵新田百八拾文御座候処、被下置度旨願上申候処、寛文元年四月富塚内蔵丞を以被下置、当時御知行高壱貫弐百五拾四文・御切米三切銀三匁弐分・四人御扶持方被下置、御鳥見役目当年迄三十八ヶ年致勤仕候。右御鷹方御奉公被召出、御鳥見役目迄、引続当年迄五十七ヶ年相勤罷在候。右御知行高壱貫弐百五拾四文之御黒印頂戴所持仕候。以上

延宝七年九月十四日

直々に被指置御番外衆

御知行被下置御牒（五十九）

九貫九拾四文より
弐貫五百文迄

1　戸沢次郎左衛門

一　拙者儀亘理伯耆親類に付伯耆所より伊達兵部殿へ相頼、浪人分に扶持方被下置候。兵部殿落居以後御知行六貫文寛文十弐年閏六月廿八日大松沢彦左衛門を以被下置候。拙者儀実子無御座候付て菅生弥左衛門二男勘七養子に仕、右弥左衛門知行高之内三貫九拾四文被分下度奉願候処、如願之被分下旨延宝弐年六月廿九日大条監物を以被仰付候。都合知行高九貫九拾四文に御座候。以上

延宝七年二月廿六日

2　片平半助

一　私舅片平四郎兵衛伊達河内殿より知行三貫文拝領仕候。河内殿御遠行以後兵部殿へ相付申候処男子持不申候故、拙者儀相原喜兵衛二男御座候に付右四郎兵衛婿苗跡に罷成、知行百五拾石拝領仕奉公相務申候。寛文十一年四月

兵部殿流罪に付、同十二年六月廿八日大松沢彦左衛門一関へ被差下、御知行六貫七百文被下置候。当時御番外にて罷在候。以上

延宝七年三月五日

3 今井半左衛門

一 私儀幼少之時分兵部殿へ小性奉公仕、其後膳番役相勤申に付、知行百五拾石被下被召仕候処、寛文十一年兵部殿御預に被為成候故同十弐年六月大松沢彦左衛門を以、御知行六貫七百文拝領仕候。御奉公之儀は追て可被仰付旨被仰渡、于今御奉公不被仰付候。以上

延宝七年二月廿七日

4 氏家弥市右衛門

一 拙者儀氏家六郎兵衛親類に御座候付て万治三年に兵部殿へ被召出、切米八両・十人扶持被下仙台屋敷留守居役相勤申候。兵部殿御預に被仰付候以後、寛文十二年六月廿八日御知行高五貫九百文被下置被召出之旨古内志摩被申渡候段、於一関大松沢彦左衛門を以被仰渡候。于今御黒印は頂戴不仕候。御番外にて去々年十月より西岩井御林并堰定役目被仰付相務申候。先祖之儀は委細氏家六郎兵衛方より可申上候。以上

延宝七年三月五日

5　今泉与五衛門

一　拙者儀寛永十五年より兵部殿へ奉公仕候。依之知行三貫文被下相勤申候処、寛文元年に加増御座候て知行高百石に、直被下候。兵部殿御一儀以後古内志摩を以被召出、御知行四貫四百文被下置候旨寛文十弐年六月廿八日大松沢彦左衛門を以被仰渡候。然処嫡子九郎兵衛病死仕候付、九郎兵衛娘御座候に、只野杢右衛門二男与平太郎取合、以来拙者家督に被成下、杢右衛門知行高之内壱貫三百文之所、拙者に被分下度由延宝五年八月願申上候処、生江八右衛門・赤井三郎右衛門を以、同年十一月右如願之被仰渡、取合五貫七百文之高に被成下候。以上

延宝七年三月十日

6　荒川惣左衛門

一　拙者先祖大崎譜代に御座候。祖父代より私父荒川長右衛門迄伊達河内殿へ奉公仕、其後兵部殿へ被召使候付て、私儀市正殿嫡子千之助殿懐守に被相属切米五両・扶持方七人分被下江戸定詰仕罷在候処、寛文十一年兵部殿御父子御預に被為成候付て千之助殿も伊達宮内様へ被為預予州へ被遣候砌、拙者儀も供仕罷越候処、延宝二年暇被下候付て江戸へ罷越兵部殿本家来並に御擬作被成下度旨、望月正太夫を以奉願候得ば、同年秋上田権左衛門を以御知行四貫五百文被下置于今御番外にて罷在候。以上

延宝七年三月八日

7　相原弥兵衛

一　私父相原喜兵衛儀出所名取郡に御座候。伊達河内殿へ奉公仕河内殿御死去以後兵部殿へ被召仕、知行三貫弐百六拾壱文被下候。其以後右知行百石に被相直候。右喜兵衛儀寛文四年七月病死仕候処、跡式無御相違拙者に被下割奉行役目相務申候。兵部殿御預以後、寛文十二年六月廿八日に御知行四貫四百文被下置被召出之旨古内志摩被申渡由、大松沢彦左衛門申渡候。于今御黒印頂戴不仕御番外にて罷在候。以上

延宝七年三月五日

8　鈴木九兵衛

一　私父鈴木九兵衛儀飯坂譜代に御座候。伊達河内殿へ奉公仕候。以後兵部殿へ奉公仕、知行四貫八百文被下候。拙者儀嫡子に御座候故、家督相続仕百石に罷成奉公仕候。兵部殿御一儀以後被召出、御知行四貫四百文寛文十二年六月廿八日に大松沢彦左衛門を以被下置候。于今御番牒にも相付不申候。先祖之儀委細不承伝候。以上

延宝七年三月五日

9　山田十之丞

一　拙者儀兵部殿本家来鈴木九兵衛次男に候処、同家来山田五左衛門壻苗跡に罷成、五左衛門家督相続仕兵部殿へ奉公仕知行百石被下候。兵部殿御一儀以後被召出、寛文十弐年六月廿八日大松沢彦左衛門を以、御知行四貫四百文被下置候。于今御番帳にも相付不申候。先祖之儀は鈴木九兵衛方より可申上候。以上

延宝七年三月五日

10 岩淵源兵衛

一　拙者実父岩淵良安儀高屋快庵親類に御座候て医学仕快庵所に罷在候処、貞山様御代兵部殿へ弟子之内壱人相付可申由被仰付右良安被召出、兵部殿より御知行七貫弐百拾文被下候。良安儀承応元年三月病死仕候処、跡式無御相違拙者に被下候。其以後右知行百石に被相直取次番相勤申候。兵部殿御預以後寛文十二年六月廿八日に御知行高四貫四百文被下置被召出之者、古内志摩被申渡段於一関に大松沢彦左衛門を以被仰渡候。于今御黒印は頂戴不仕御番外にて罷在候。以上

延宝七年三月四日

11 山田次郎作

一　拙者祖父山田次郎右衛門儀石母田大膳を以慶長十八年貞山様へ被召出則河内殿へ大和田佐渡を以被相付候砌、御知行四貫四百四拾文・御扶持方十人分被下置候。河内殿御遠行以後、嫡子市兵衛儀御祐筆に可被召仕御意之旨峯帯刀・二宮五助承にて高橋信濃所へ申来寛永十二年四月御前御祐筆に被召仕候。兵部殿御祐筆無御座候に付、市兵衛儀被相付之由石田将監を以被仰付、為御使者二宮五助に市兵衛被差副、同年霜月十四日に被為進候。兵部殿より御知行四貫弐百文被下候。市兵衛隠居仕家督拙者致相続、四貫弐百文へ寛文元年加増御座候て知行百石に直被下候。兵部殿御一儀以後古内志摩に被仰付、寛文十二年六月廿八日大松沢彦左衛門を以、御知行四貫四百文拝領仕候。于今御番外にて罷在候。以上

延宝七年三月十日

12　成田権九郎

一　拙者祖父成田故正左衛門儀御知行高五貫六拾三文被下置御奉公仕候処
義山様代寛永十三年に兵部殿へ被相付、嫡子は右御知行高之通無御相違被下置
義山様にて可被召仕旨被仰付候。拙者親成田文左衛門儀は右正左衛門嫡子に御座候得共、病人に御座候付次男に仕
兵部殿御下中へ召連申候。兵部殿より右正左衛門に御知行百石被下、隠居仕候節右文左衛門に家督無御相違被下、
文左衛門隠居仕跡式拙者に無相違被下取次番役相勤申候。兵部殿御預被為成候以後、寛文十二年六月廿八日被召
出、御知行四貫四百文被下置候旨古内志摩被申渡段、於一関大松沢彦左衛門被申渡候。御黒印は于今頂戴不仕候。
当時御番外にて罷在候。先祖委細之儀は成田正左衛門方より申上候間具書上不仕候。以上
延宝七年三月十三日

13　飯塚八之助

一　拙父草野宇平次儀岩沼御給主草野清兵衛二男に御座候処、十一歳に罷成候時兵部殿へ被召出小性並に被召仕候処、
御同人家中物頭飯塚次郎兵衛と申者之家督に右宇平次被仰付飯塚之苗跡に罷成候。然処其身病者に罷成候付、医
道之御奉公仕度由願申達、京都に七・八ヶ年相詰医学相勤、飯塚宗拙と申候て進退百石にて兵部殿へ奉公仕候処、
寛文十一年兵部殿御一儀に付、右宗拙儀同十二年六月廿三日に被召出御知行四貫四百文之所被下置、御次医師之
御奉公可申上由御意之段古内志摩を以被仰渡、其以後仙台御屋敷迄被下置候処、翌十三年五月五日宗拙病死仕候。
依之跡式願親類共連判之書物を以申上候処、右御知行高之通同年九月廿八日に柴田中務を以、無御相違拙者に被

下置、幼少に候間御奉公之品は不仰付候条、兵部殿本家来衆在々に被差置候七十人余之並に被仰付之旨、右同人を以仰渡未無御奉公にて罷在候。仍御黒印は親代より于今拝領不仕候。以上
延宝七年三月廿七日

14 大島伊右衛門

一 拙者養父大島惣右衛門儀出所江戸之者に御座候処、明暦年中兵部殿へ被召抱切米五両・六人扶持被下使番仕候。男子無御座候付て拙者儀同家中成田文左衛門次男に御座候て、兵部殿へ小性奉公仕、三両四人扶持被下候を聟名跡被仰付、右惣右衛門隠居仕候砌両人切米・扶持方取合八両十人扶持拙者に被下候。其以後知行百石に被直下膳番役目仕候。兵部殿御預以後寛文十二年六月廿八日被召出、御知行高四貫四百文被下置候旨古内志摩被申渡段、於一ノ関大松沢彦左衛門被申渡候。于今御黒印は頂戴不仕当時御番外にて罷在候。以上
延宝七年三月十一日

15 勝海藤兵衛

一 拙者儀慶安三年江戸より罷下浪人にて一関に罷在候処、同四年六月兵部殿へ被召出切米五両・扶持方五人分被下奉公仕候。兵部殿御一儀以後被召出、寛文十弐年六月廿八日大松沢彦左衛門を以被仰渡御知行高三貫八百文被下置候。于今御番牒にも相付不申候。以上
延宝七年三月四日

16 山田伝兵衛

一 拙者親山田越中と申者兵部殿御幼少より被召仕、扶持方四人分・切米弐両被下奉公相勤申候。拙者儀右越中三男に御座候。拙者儀も兵部殿御幼少より被召仕、別て知行石積を以七拾五石被下奉公相勤申候。然処寛文十一年に兵部殿御預に被為成候付て同十二年六月大松沢彦左衛門を以、御知行三貫五百文被下置候。于今御番牒にも相付不申候。山田之先祖之儀不承伝候。以上

延宝七年三月十三日

17 成田作十郎

一 拙者親成田文左衛門儀兵部殿にて被召仕候。拙者儀は文左衛門三男に御座候処、兵部殿へ小性奉公仕切米三両・六人扶持被下候。兵部殿御預りに被為成候以後、寛文十二年六月廿八日被召出、御知行三貫三百文被下置候旨古内志摩被申渡之段、於一之関大松沢彦左衛門被申渡候。御黒印は于今頂戴不仕候。当時御番外にて罷在候。先祖之儀は拙者兄同性権九郎申上候間書上不仕候。以上

延宝七年三月十三日

18 大内五兵衛

一 私祖父大内左近儀大内備前親類にて、塩松に罷在候処貞山様御代被召出、御知行三貫八百文被下置候由御座候。年号・御申次は不承伝候。従

貞山様河内殿へ被相付候処、右左近隠居仕跡式私親大内彦兵衛に相譲申候。河内殿御死去以後兵部殿へ被相付御知行百石迄被下御奉公仕候処、寛文十年病死仕跡式無相違拙者に被下、親役目物頭不相替被仰付候処、同十壱年に兵部殿御進退御改易に付、同十二年六月廿二日古内志摩を以被召出、御知行四貫四百文被下置御番入迄被仰付、延宝三年迄御番相勤申候処、知行所悪地故段々困窮仕御番等相勤兼申躰に御座候故、御訴訟申上候処、右訴訟状之紙面相違之儀申上不調法に被思食、御呵之上御知行三ケ一被召上、御番所迄被相除在々に被差置候。兵部殿本家来並に被仰付候由、同年九月廿六日に御覚書を以御用番衆坂元平右衛門被申渡、残御知行高弐貫九百四拾文之所被下置候。先祖之様子委細不存候得共、承伝之通如斯申上候。以上

延宝七年十月廿八日

19　鈴木勘左衛門

一　拙者祖父鈴木左馬助儀鈴木彦兵衛実弟に御座候処

輝宗様御代被召出由承伝候。何年誰を以進退何程被下置候哉不承伝候。右左馬助子拙者親惣左衛門儀

政宗様御代には御知行三貫四百弐拾文被下置、御奉公仕候処、河内殿へ被相付、河内殿御死去以後兵部殿へ被相付候処、拙者兄与兵衛に右三貫四百弐拾文之知行無相違被下、惣左衛門には別て兵部殿より知行三貫六百文被下兵部殿へ親子共に御奉公仕候。拙者儀右惣左衛門次男に御座候。惣左衛門歳罷寄候に付て万治元年に隠居被仰付、家督拙者に無相違被下勘定頭役目相勤申候。寛文元年に何も並に石積を以五拾石に罷成候。然処寛文十一年兵部殿御預に就被仰付候、同十二年六月廿八日に古内志摩を以御知行弐貫五百文被下置之旨被仰渡段、於一関大松沢

彦左衛門被申渡致拝領、于今御番外にて罷在候。先祖之儀は嫡子筋目に御座候間鈴木利衛申上候。以上

延宝七年三月十五日

20 早川喜右衛門

一 拙者祖父佐藤因幡儀従

貞山様御知行壱貫七百四拾弐文被下置御奉公仕候。誰を以右御知行拝領仕候哉、勿論年号承伝不申候。然処右因幡儀慶長十年に病死仕候付、嫡子同氏三右衛門に跡式御知行高無御相違被下置旨同年に茂庭石見を以被仰渡候由承伝申候。右三右衛門儀伊達河内殿へ被相付由被仰渡候付、河内殿へ御奉公相勤申候処、歳罷寄申に付寛永九年に隠居願申上候処、如願隠居被仰付、跡式御知行高無御相違拙者に被下置之旨同年三月五日に被仰渡候。河内殿へ御奉公仕候処、寛永十年に苗字を早川と被相改被下其上為御加増壱貫五百文被下置、本高取合三貫弐百四拾弐文被成下候。然処河内殿御死去以後、拙者儀手跡書申段

貞山様相達御耳、佐々若狭を以御祐筆に被召出旨被仰渡相勤申候処、伊達兵部殿より右若狭を以御所望に付て被遣候。兵部殿三万石に被為成候節、右拙者知行石積を以高五拾石に被相直候。然処寛文十一年兵部殿御預に就被仰付候、同十二年六月廿八日古内志摩を以、御知行弐貫五百文被下置之旨於一之関大松沢彦左衛門御申次にて拝領仕候。于今御番外にて罷在候。以上

延宝七年三月十六日

21 寺坂又兵衛

一　拙者先祖寺坂山城嫡子権丞儀
義山様御代遠江守様へ馬上七騎被進候内にて伊予へ罷越、于今御奉公仕罷在候。拙者親寺坂惣助儀右山城弟にて浪人に御座候付、拙者儀四十ヶ年以前に兵部殿へ罷出知行三貫文被下数年致奉公、其以後兵部殿御知行三万石被為成穀積にて五十石に罷成候。然処兵部殿御預に被仰付候に付て被召出、御知行弐貫五百文被下置之旨古志摩被申渡段、寛文十弐年六月廿八日於一関大松沢彦左衛門申渡候。御黒印は于今頂戴不仕御番外にて罷在候。以上
延宝七年三月四日

22 佐藤権内

一　拙者父佐藤源兵衛儀兵部殿御幼少之時分切米三両・六人扶持被下、数年被召使老衰以後隠居仕拙者家督相続仕、知行三貫六百文被成下、其以後兵部殿御知行三万石に被為成穀積にて五十石に罷成候。然処兵部殿御預に被仰付候付て被召出、御知行弐貫五百文被下置之旨古内志摩被申渡段、寛文十二年六月廿八日於一関大松沢彦左衛門申渡候。御黒印は于今頂戴不仕、御番外にて罷在候。以上
延宝七年三月五日

23 佐藤覚右衛門

一　私父佐藤佐左衛門儀従

貞山様四人御扶持方・御切米壱両被下置御奉公申上候処、兵部殿御幼少之砌被相付、知行三貫文致拝領御奉公相務申候。右之佐左衛門二十ヶ年以前に病死仕跡式拙者相続仕、右三貫文五拾石被直下候。然処寛文十一年四月兵部殿御改易に付同十二年之六月廿八日古内志摩を以被仰渡、大松沢彦左衛門一関へ被差下、御知行弐貫五百文遠田之内孤塚村・加美郡之内下多田川村にて被下置被召出、当時御番外にて罷在候。以上

延宝七年三月五日

24 阿部勘五郎

一 拙者祖父阿部五郎右衛門儀河内殿へ被召出、知行三貫文被下致奉公候処、河内殿御遠行以後貞山様御代兵部殿へ被相付知行三貫六百文被下、親阿部勘右衛門・拙者迄三代相続仕、寛文元年より右知行五十石に被相直取次番相務申候。兵部殿御預り以後寛文十弐年六月廿八日御知行高弐貫五百文被下置被召出之旨、古内志摩被申渡段於一之関に大松沢彦左衛門申渡候。于今御黒印は頂戴不仕御番外にて罷在候。以上

延宝七年三月四日

25 山田市郎兵衛

一 私父山田源右衛門と申、兵部殿御幼少より被召仕、知行三貫六百文被下奉公相勤申候。拙者儀右源右衛門惣領に御座候。隠居之後私儀も兵部殿被召仕、知行積りを以五十石被下奉公相勤申候。然処兵部殿御一儀以後被召出、古内志摩を以被仰渡之由寛文十二年六月廿八日大松沢彦左衛門を以御知行弐貫五百文被下置候。于今御番牒にも

相付不申罷在候。以上
延宝七年三月十六日

26 金盛与平次

一 拙者祖父金盛六郎衛門儀兵部殿より知行三貫六百文被下御奉公仕候。六郎衛門病死仕候付、家督故右知行拙者親金盛弥惣兵衛に被下、取次役目相務申候。寛文元年右知行五十石被直下候。然処兵部殿御預に被為成候付、同十弐年六月廿八日大松沢彦左衛門を以御知行弐貫五百文、右弥惣兵衛に被下置候。弥惣兵衛儀延宝三年二月病死仕候付、其節御申次今村隼人を以家督奉願候処、同年閏四月十七日右家督御知行高弐貫五百文無御相違被下置候由、右同人を以被仰渡候。柴田中務・和田半之助書付之書替、同年五月廿二日之日付にて松林仲左衛門・永島七兵衛より受取所持仕候。于今御黒印頂戴不仕、御番外にて罷在候。以上
延宝七年三月廿三日

27 中島孫六

一 私父八郎兵衛儀伊達河内殿へ被召出、知行弐貫文被下奉公仕候処、河内殿御遠行以後従貞山様兵部殿へ被相付、知行三貫四百文被下奉公仕候。其以後兵部殿御知行三万石に罷成候て石積を以五十石に被成下候。右八郎兵衛十七年以前病死仕候付て、拙者儀嫡子に御座候故家督致相続、中小性並之奉公仕候。然処寛文十一年兵部殿御預に就被仰付候、同十二年六月廿八日於一関、大松沢彦左衛門御申次を以御知行高弐貫五百文

被下置之旨被仰渡致拝領、于今御番外にて罷在候。以上

延宝七年三月八日

28 浜田作之丞

一 私先祖伊達飯坂御譜代にて曽祖父浜田藤兵衛貞山様へ御代御知行五貫六百文被下置、飯坂御前へ被付置候由承伝候。誰様御代先祖誰を初て被召出候哉、藤兵衛以前之儀は不承伝候。祖父藤兵衛家督相続仕河内殿へ被相付、其以後兵部殿へ被相付候。右藤兵衛嫡子私父才兵衛儀父に先立病死仕候に付て祖父家督拙者相続仕候。幼少に御座候に付、右之知行高減少を以三貫六百文被下、市正殿へ被相付奉公仕候。兵部殿御一儀以後被召出、寛文十弐年六月廿八日大松沢彦左衛門を以御知行弐貫五百文被下置、御番外にて罷在候。以上

延宝七年三月廿一日

29 手代木休太郎

一 拙者親手代木休兵衛知行五十石兵部殿より被下奉公相勤申候処、病死仕候故家督無相違私致相続小性奉公仕候処、兵部殿寛文十一年御預に被為成候付、同十弐年六月大松沢彦左衛門を以御知行弐貫五百文被下置候。御奉公之儀は追て可被仰付旨仰渡於于今御奉公不被仰付候。以上

延宝七年三月二日

30　川田市之丞

一　私祖父川田越後儀田村譜代に御座候。従貞山様御代致御奉公次男同氏勘助家督相続仕候。私父同氏弥次衛門嫡子に御座候得共貞山様御代別て被召出、御扶持方三人分・御切米三分被下置御奉公仕候処、兵部殿へ佐々若狭を以被相付候。兵部殿より扶持方四人分・切米三両被下候。拙者儀弥次右衛門嫡子に御座候得共、知行五十石別て被下奉公仕候。兵部殿御一儀以後、寛文十弐年六月廿八日大松沢彦左衛門を以御知行弐貫五百文被下置被召出候。于今御番外にて罷在候。以上

延宝七年三月十二日

31　大槻弥惣右衛門

一　私先祖伊達御譜代之由承伝候得共誰様御代被召出、御奉公仕候哉不承伝候。親大槻作兵衛儀伊達河内殿へ被相付、御知行弐貫文被下置候。其後従貞山様伊達兵部殿へ被相付、御知行五十石兵部殿より申受罷在候。然処寛文十一年兵部殿御預に被仰付候付て被召返、同十弐年六月廿八日大松沢彦左衛門御申次を以、御知行弐貫五百文被下置之旨被仰渡致拝領候。于今御番外にて罷在候。以上

延宝七年三月四日

32　岩淵七之進

一　拙者親岩淵又左衛門儀岩淵洋庵弟御座候。洋庵儀兵部殿へ奉公仕候付、右又左衛門儀兵部殿へ被召出、知行五拾石被下奉公仕候処病死仕候。拙者嫡子に御座候付家督相続仕候。兵部殿御一儀以後被召出、寛文十弐年六月廿八日大松沢彦左衛門を以、御知行弐貫五百文被下置候。于今御番外にて罷在候。先祖之儀右洋庵嫡子同名源兵衛可申上候。以上

延宝七年三月十三日

33　佐藤茂右衛門

一　拙者儀進退御知行壱貫六百四拾文・御扶持方四人分被下置、御鷹匠御奉公相勤罷在候処御当代伊達兵部殿より御鷹匠御所望に付、寛文元年九月二日奥山大炊を以被仰渡、拙者を右兵部殿へ被進、拙者進退嫡子同氏新八被下置候旨、右大炊を以被仰渡候。拙者儀一関へ取移申候以後、兵部殿より為加増知行五百文被下、本地都合弐貫百四拾文外扶持方四人分にて、鷹匠頭役目仕候。然処兵部殿御預被為成候付て、寛文十二年六月廿八日大松沢彦左衛門を以御知行弐貫五百文被下置候。御奉公之儀追て可被仰付旨被仰渡候。延宝元年御郡司衆差引被仰付、於于今御奉公不仕罷在候。先祖之儀は右新八書上仕候。以上

延宝七年三月五日

34　佐々木新八

一　私祖父佐々木八右衛門儀米沢之内上永井北条と申所致住居候。其節御扶持方五十人分被下置御奉公相勤、国分之内松森在所仕候。然処慶長九年九月七日御知行拾貫文右八右衛門致拝領、其後伊達河内殿へ被相付候。私親佐々木権右衛門儀貞山様永井より御所替之砌致御供御当地へ罷越候。右八右衛門二男に御座候。河内殿より別て知行三貫文被下奉公仕候。河内殿御死去以後、従貞山様伊達兵部太輔殿へ被相付、兵部殿にて知行三百石被下家老役仕候。拙者儀右権右衛門三男に御座候。兵部殿より四人扶持方・切米三両被下小納戸奉公仕候。兵部殿流人に被仰付候以後、寛文十二年六月廿八日御知行高弐貫五百文被成下被召出之旨大松沢彦左衛門申渡候。于今御番外にて罷在候。以上

延宝七年三月五日

35　鈴木伝作

一　拙者祖父袋肥前儀従輝宗様御奉公申上候由承伝候。私父袋掃部儀右肥前次男に御座候付浪人分にて罷在候故、兵部殿に拙者姉聟鈴木与兵衛奉公仕罷在候由緒を以、拙者儀も兵部殿へ小性奉公に被召出、切米三両・扶持方四人分被下、万治三年より被召仕候処、寛文十一年兵部殿御預に被為成候に付て、同十弐年六月廿八日大沢彦左衛門を以御知行弐貫五百文被下置候。于今御番外にて罷在候。以上

延宝七年三月十五日

36 蔵沢七郎兵衛

一 蔵沢源之丞先祖葛西譜代に御座候。私父正右衛門儀江刺郡蔵沢に住居仕候処、只野図書へ由緒御座候付て、図書取持を以兵部太輔殿へ私儀三両四人扶持被下上之間番所相勤申候。然処兵部太輔殿御預以後、寛文十弐年六月廿八日大松沢彦左衛門一関へ被差下、御知行高弐貫五百文被下置被召出、御番外にて罷在候。以上

延宝七年三月十三日

37 四竈十兵衛

一 拙者儀四竈主殿三男に御座候付、三十ヶ年以前兵部太輔殿へ被召出、切米三両・四人扶持拝領仕奉公相務申候処、寛文十一年四月兵部殿御遠流に付、同十二年六月廿八日大松沢彦左衛門一関へ被差下、御知行弐貫五百文被下置候内、本地五百文は東山之内濁沼村・田弐貫文は新田同郡之内舞草村にて拝領仕、当時御番外にて罷在候。以上

延宝七年三月五日

38 大内市左衛門

一 拙者曽祖父大内丹波儀塩松譜代に御座候て、私父宮内迄三代貞山様・義山様御代迄御奉公仕候処、親宮内寛永十四年病死、拙者幼少故跡式不被立下、浪人にて罷在候処、万治弐年里見十左衛門取持を以兵部殿へ罷出、切米三両・扶持方四人分申受候。兵部殿御一儀以後被召出、御知行弐

貫五百文被下置之旨古内志摩被申渡之段、寛文十弐年六月廿八日大松沢彦左衛門於一関被申渡、于今御番外にて罷在候。以上
延宝七年三月八日

39 馬場七兵衛

一　拙者儀馬場平右衛門実弟に御座候処、今村弥惣兵衛取持を以兵部殿へ被召出、四人扶持・切米三両被下御奉公仕候処、兵部殿御一儀以後被召出、御知行弐貫五百文寛文十二年六月廿八日大松沢彦左衛門を以被下置、于今御番帳にも相付不申罷在候。以上
延宝七年三月七日

40 湯山善之丞

一　拙者曽祖父湯山修理と申者大崎譜代に御座候て湯山と申所住居仕候処貞山様大崎へ被遊御発向候時分氏家弾正と申者申合御一味仕、御忠節申上候付て御弓箭御本意之上、一栗一跡永代御相違被遊間敷之旨御直筆之御書天正十七年十一月十七日之御日付にて被下置、拙者親湯山九郎衛門于今所持仕候。大崎御手に被相入候以後、御知行三拾貫文山岡志摩御申次にて右修理に被下置、高麗御陣へ御供仕、名護屋と申所にて病死仕候処、嫡子新十郎幼少に御座候得共、跡式無御相違三拾貫文貞山様代右山岡志摩を以被下置候由承伝候。右御知行段々被下置候年号は不承伝候。

貞山様御代京都御定詰被遊候時分、御国に罷在候諸侍より御知行三ヶ二宛三ヶ年借上可申旨被仰付、右新十郎儀も弐拾貫文差上申候処、其以後返不被下候付、大坂御陣以後元和二年に山岡志摩江戸へ御使者被遣候砌、右志摩方より中島監物へ頼御訴訟申上候得ば、右弐拾貫文之内五貫文被返下之旨、右監物を以被仰渡、拾五貫文にて御奉公仕罷在候由承伝候。右新十郎儀寛永七年十月十三日病死仕候。右新十郎跡式嫡子半四郎に無御相違、拾五貫文被下置之旨先志賀右衛門を以被仰渡候由承伝候。年号は不承伝候。然処

貞山様御代寛永年中に北山御鹿狩之時分、安彦喜膳と右半四郎両人御勢子奉行被仰付候砌、鹿漏し申に付、両人共に進退被召上候処、無間も寛永十二年に御勘気御赦免被成下候間、其以後進退被返下度段、御訴訟申上度と奉存候内

貞山様同拾三年被遊御遠行候に付、右願も不申上候由承伝候。右半四郎儀同十五年八月十三日に病死仕、実子無御座候に付、弥以跡式断絶仕由に御座候。拙者親湯山九郎衛門と申者、右半四郎実弟に御座候間、先祖之品申上被召出御奉公被仰付候様に仕度と奉存候得共、半四郎儀進退被召上候内病死仕儀に御座候間遠慮仕、右九郎右衛門儀於于今浪人にて罷在候。拙者儀右九郎右衛門嫡子に御座候。寛文二年に伊達兵部殿へ被召出、御切米三両・扶持方四人分并合力金五切同米五石之進退にて奉公仕罷在候処、同十一年兵部殿御預に被仰付候以後、同十弐年六月廿八日大松沢彦左衛門御申次にて御知行弐貫五百文被下置之旨被仰渡拝領仕候。右御知行被下置候御黒印は于今頂戴不仕、御番外にて罷在候。以上

延宝七年四月十七日

41　橋元百助

一　拙者親橋元吉右衛門儀寛文二年兵部殿へ被召抱、三両に四人扶持被下候。兵部殿御一儀以後寛文十弐年六月廿八日古内志摩を以被召出、御知行弐貫五百文被下置之旨大松沢彦左衛門を以被仰渡候。右吉右衛門儀延宝四年五月十四日病死仕候付、小梁川修理を以家督無御相違拙者に被下置之旨、同年九月廿五日鹿又五郎衛門を以被仰渡候。于今御番外にて罷在候。以上

延宝七年三月十日

42　小池六之丞

一　拙者親小池藤右衛門儀伊達兵部殿にて、切米三両・扶持方四人分被下奉公仕候。然処寛文十一年に兵部殿御預以後、同十弐年六月廿八日大松沢彦左衛門御申次を以被召出、御知行弐貫五百文被下置候。御奉公之儀は追て可被仰付之旨被仰渡候。于今御番外にて罷在候処、右藤右衛門延宝七年二月十二日病死仕候。跡式無御相違久光勘左衛門御申次を以拙者に被下置候由、同年六月朔日被仰渡、右御知行弐貫五百文之所被下置候。以上

延宝七年九月十日

43　千葉六左衛門

一　私父千葉九郎左衛門儀寛文元年岩淵加兵衛取持を以、兵部殿へ切米三両・扶持方四人分にて奉公に罷出候処、兵部殿御一儀以後御知行弐貫五百文被下置之旨古内志摩被申渡段、寛文十弐年六月廿八日大松沢彦左衛門於一関被

申渡候。然処九郎左衛門儀延宝五年四月廿一日病死仕候。拙者儀嫡子に御座候付て同年十月二日鹿又五郎右衛門御申次を以右御知行弐貫五百文無御相違被下置、于今御番外にて罷在候。以上

延宝七年三月廿二日

44 小梨庄助

一 拙者親小梨七右衛門儀兵部殿より切米三両・四人扶持被下奉公仕候処、寛文十一年兵部殿御預に被為成候付て、同十弐年六月大松沢左衛門を以御知行弐貫五百文被下置候。御奉公之儀は追て可被仰付旨被仰渡、延宝元年御郡司衆差引に被仰付候。然処右七右衛門儀延宝六年二月病死仕候付、川村孫右衛門を以家督奉願候。同年八月廿三日家督無御相違右同人を以被下置候。御奉公之儀は於于今不被仰付候。以上

延宝七年三月四日

45 野村六之進

一 私祖父野村三郎衛門儀河内国高安郡所生に御座候。三郎右衛門嫡女あや次男源兵衛嫡私、生国同郡に御座候。伯母あや幼少之時大坂御城に罷在候処、元和元年落城之節貞山様御陣へ被召捕、則御国元へ被相下、元和弐年迄貞山様御前にて被召仕、同年八月兵部殿御母儀へ被相付切米弐両壱分・弐人扶持被下数年奉公仕罷在候。遠国者に御座候故、あや甥私を相下養子に仕度旨兵部殿へ申上候得ば願之通被成下候付、私十三歳に古郷より被呼下、あ

や養子に罷成、兵部殿小性に被召仕、切米三両・扶持方四人分被下相勤申候。然処寛文十一年兵部殿御預に被仰付候付、同十弐年五月廿八日大松沢彦左衛門御申次を以、御知行高弐貫五百文被下置之旨被仰渡致拝領、于今御番外にて罷在候。右三郎衛門私父源兵衛大坂に罷在候節如何様之御奉公仕候哉、あや幼少之時分被召下、尤拙者二歳之節源兵衛相果申由に御座候得ば覚無御座候。以上

延宝七年三月八日

46　猪狩作助

一　拙者儀江刺に被差置候御給主猪狩九左衛門二男に御座候付て、寛文二年只野杢右衛門取次を以兵部殿へ罷出、切米三両・扶持方四人分被下奉公仕候。然処寛文十一年兵部殿御預に就被仰付候、同十弐年六月廿八日古内志摩を以御知行弐貫五百文被下置之旨於一関大松沢彦左衛門御申次を以致拝領、于今御番外にて罷在候。以上

延宝七年三月十七日

47　川田覚助

一　私父川田弥次衛門儀貞山様御代笹岡与兵衛を以御不断組に被召出、御切米三分・御扶持方三人被下置御奉公仕候由承伝候。然処兵部殿へ佐々若狭を以被相付候。兵部殿より扶持方四人分・切米三両被下候。兵部殿御一儀以後、寛文十弐年六月廿八日大松沢彦左衛門を以御知行弐貫五百文被下置被召出候処、右弥次衛門延宝三年極月病死仕候付て、上田権左衛

門御申次之時分家督奉願候処、同四年三月四日右権左衛門を以御知行弐貫五百文私に無御相違被下置之旨被仰付拝領仕、于今御番外にて罷在候。以上

延宝七年三月十七日

48 沢木善兵衛

一 拙者父出羽より浪人にて御当地へ罷越候由承伝候。拙者儀斎藤九郎衛門姑聟に御座候に付、介抱請罷在候処、右九郎衛門取持を以兵部殿へ罷出、切米三両・扶持方四人分被下奉公仕候。兵部殿御一儀以後被召出、寛文十弐年六月廿八日大松沢彦左衛門を以御知行弐貫五百文被下置、于今御番外にて罷在候。以上

延宝七年三月八日

49 森太右衛門

一 拙者儀森瀬兵衛弟に御座候処、兵部殿へ罷出切米三両・扶持方四人分申請罷在候。兵部殿御一儀以後、寛文十弐年六月廿八日大松沢彦左衛門御申次を以御知行弐貫五百文被下置被召出、于今御番外にて罷在候。以上

延宝七年三月十二日

50 七宮二兵衛

一 拙者儀七宮外記二男に御座候。外記事会津譜代に御座候。伊達河内殿へ御奉公仕、其以後兵部殿へ御奉公仕、御

切米三両・四人御扶持方被下候。寛文八年九月廿六日親病死仕、跡式同年十二月十日拙者に被下引続御奉公仕候。兵部殿御預に被為成候以後、寛文十二年六月廿八日に御知行弐貫五百文拙者に被下置之旨於一関大松沢彦左衛門を以被仰渡、御黒印未頂戴不仕御番外にて罷在候。以上

延宝七年四月廿三日

51　山田新之丞

一　私父山田五左衛門儀兵部殿御若年より奉公仕知行弐百石被下候。拙者儀五左衛門二男に御座候。五左衛門家督相続仕候刻五十石分被下奉公仕候。兵部殿御一儀以後被召出、御知行弐貫五百文寛文十弐年六月廿八日大松沢彦左衛門を以被下置、于今御番帳にも相付不申候。山田之先祖之儀伝も不承候。以上

延宝七年三月五日

52　渡辺喜兵衛

一　私伯父渡辺九右衛門儀兵部殿御幼少之時分より被召仕候。拙者儀右之由緒を以兵部殿へ被召出、切米三両・扶持方四人分被下膳番役相務申候処、寛文十一年に兵部殿御預に就被仰付候、同十二年六月廿八日於一之関大松沢彦左衛門御申次を以、御知行高弐貫五百文被下置之旨被仰渡致拝領、于今御番外にて罷在候。以上

延宝七年三月八日

53　大内弥五兵衛

一　私父大内彦兵衛儀兵部殿より知行高百石被下、物頭役目相勤申候。拙者儀彦兵衛三男に御座候。兵部殿より別進退被下市正殿へ被相付切米三両・四人扶持被下、膳番小納戸両役相勤申候。然処寛文十一年に兵部殿御預被仰付候。依之同十二年六月廿八日に於一関大松沢彦左衛門御申次を以御知行高弐貫五百文被下置旨被仰渡拝領仕、于今御番外にて罷在候。以上

延宝七年三月九日

54　手代木利兵衛

一　私儀兵部殿より四人扶持に三両之切米被下奉公相勤申候処、寛文十一年に兵部殿御預に被為成候故同年極月虎之助殿岩出山へ御預被成候付致供岩出山へ罷越候処、中風相煩申に付て、延宝元年二月仙台へ被相返之段虎之助殿より被申上、同年五月八日に一関御仕置に被仰付候。瀬戸川甚之丞を以御知行弐貫五百文拝領仕候。御奉公之儀は追て可被仰付旨被仰渡、于今御奉公不被仰付候。以上

延宝七年二月廿七日

55　早川権四郎

一　私父早川左兵衛儀岩城浪人に御座候。

貞山様御代若林にて被召出、御切米五切・四人御扶持方被下置兵部殿へ被相付候。兵部殿にて知行三貫四百文被下

候。左兵衛儀病死仕候。嫡子左伝二家督相続仕候処、幼少にて病死仕候故、進退相禿申候。拙者儀左兵衛二男に御座候付て、別して切米三両・四人扶持方被下小性奉公仕候。兵部殿御一儀以後寛文十弐年六月廿八日被召出、大松沢彦左衛門御申次を以御知行弐貫五百文被下置、御番外にて罷在候。以上

延宝七年三月九日

56　安部権兵衛

一　私父安倍利右衛門儀兵部殿へ奉公仕、扶持方三人分・切米弐両被下候。拙者儀嫡子に御座条家督相続仕、以後為加増扶持方壱人分・切米壱両被下、扶持方四人分・切米三両に罷成奉公仕候。兵部殿御一儀以後被召出、御知行弐貫五百文被下置之旨寛文十弐年六月廿八日大松沢彦左衛門を以被仰渡候。于今御番帳にも相付不申候。先祖之儀申伝も不承候。以上

延宝七年三月四日

在々に被指置御番外衆

御知行被下置御牒（六十）

弐貫弐百文より
壱貫五百文迄

片倉小十郎内之者

御知行被下置御牒

三十六貫文より
六貫弐百八十文迄

1 高田六蔵

一 私父高田七郎右衛門葛西譜代、拙者儀寛永二十年兵部殿へ被召出、切米弐両・四人扶持方并江戸在番之砌四季施金弐両弐分被下候。兵部殿御預に被為成候付て、寛文十弐年六月大松沢彦左衛門を以被召出、御知行弐貫弐百文被下置御番外にて罷在候。以上

延宝七年三月七日

2 半田作右衛門

一　拙者儀
貞山様御代佐藤長左衛門を以被召出、御切米壱両・御扶持方三人分被下置御鷹師御奉公申上候処、中島監物御申次にて兵部殿へ被相付候。兵部殿より扶持方五人分・切米壱両被下鷹師頭役目仕候。然処寛文十一年に兵部殿御預に被為成候に付て、同十弐年六月大松沢彦左衛門を以御知行弐貫百文被下置候。御奉公之儀は追て可被仰付旨被仰渡、延宝元年御郡司衆差引に被仰付候。於于今御奉公之儀不被仰付候。以上

延宝七年三月四日

3 松木権九郎

一　拙者親松木八郎右衛門嫡子同苗与助、拙者は八郎右衛門二男に御座候。八郎衛門儀河内殿へ被相付御奉公仕候故、引続兵部殿へ被相付御奉公仕候。拙者儀二男に御座候故、兵部殿より知行高拾五石に四人扶持之加恩にて膳番役目仕候。兵部殿御預以後寛文十二年六月大松沢彦左衛門を以御知行高弐貫百文被下置之由被仰渡、御番外にて罷在候。先祖之儀は兄与助方より委可申上候。以上

延宝七年二月廿三日

4 内田三平

一 私父内田三郎右衛門儀兵部太輔殿より知行高百五拾石被下奉公仕候。拙者儀二男に御座候て、兵部太輔殿より別て切米弐両・扶持方三人分被下上之間番相勤申候。然処兵部殿御預以後、寛文十弐年六月廿八日大松沢彦左衛門一関へ被差下、御知行壱貫九百文被下置被召出御番外にて罷在候。以上

延宝七年三月十三日

5 岩淵八兵衛

一 拙者儀岩淵又左衛門二男に御座候。兵部殿より扶持方三人分・切米弐両被下奉公仕候。兵部殿御一儀以後被召出、寛文十二年六月廿八日大松沢彦左衛門を以御知行壱貫九百文被下置候。于今御番外にて罷在候。先祖之儀は拙者兄同苗七之進覚書に申上候。以上

延宝七年三月十三日

6 渡辺四郎兵衛

一 拙者伯父渡辺九右衛門儀兵部殿御幼少之時分より被召仕候。私儀右之由緒を以兵部殿へ被召出、切米弐両・扶持方三人分被下、薬込役目相勤申候処、寛文十一年兵部殿御預に就被仰付候、同十二年六月廿八日於一関大松沢彦左衛門御申次を以御知行高壱貫九百文被下置之旨被仰渡致拝領、于今御番外にて罷在候。以上

延宝七年三月八日

7　菊地三四郎

一　拙者儀西岩井郡所生に御座候。兵部殿へ被召出、御切米弐両・三人扶持被下侍分に被召仕候処、兵部殿御遠流に付寛文十二年六月廿八日大松沢彦左衛門を以被召出、御知行壱貫九百文被下置候。当分御番外にて罷在候。以上
延宝五年三月八日

8　今泉仲右衛門

一　私儀今泉与五右衛門二男に御座候。寛文四年より伊達市正殿へ小性奉公仕、切米弐両・三人扶持被下候。然処兵部殿御一儀以後古内志摩を以被召出、御知行壱貫九百文被下置之旨寛文十弐年六月廿八日大松沢彦左衛門を以被仰渡拝領仕候。拙者儀于今御番外にて罷在候。以上
延宝七年三月十日

9　内田長蔵

一　私父内田五右衛門儀兵部殿より知行高百石被下奉公仕候。拙者儀二男御座候て、兵部殿より別て切米弐両と扶持方三人分被下、児小性奉公仕候。然処兵部殿御預以後寛文十二年六月廿八日、大松沢彦左衛門一関へ被差下御知行高壱貫九百文被下置被召出、御番外にて罷在候。以上
延宝七年三月十三日

10 菅野長左衛門

一 私父菅野正三郎儀飯坂譜代にて伊達河内殿より扶持方三人分・切米壱両被下歩行奉公仕候処、河内殿御死去以後兵部殿へ被相付、給分右之通被下歩行奉公相勤病死仕候。拙者儀正三郎存命之時分より、別て扶持方三人分・切米弐両・仕着銀弐百五拾目被下市正殿へ小性奉公仕候。兵部殿御一儀以後被召出、寛文十弐年六年廿八日大松沢彦左衛門を以被仰渡、御知行壱貫九百文被下置候。于今御番牒にも相付不申候。以上

延宝七年四月十一日

11 千葉茂兵衛

一 私父千葉七兵衛儀一関生に御座候。正保元年兵部殿へ被召出、扶持方四人分・切米弐両被下奉公仕候。拙者儀別て扶持方三人分・切米弐両・仕着銀弐百五拾目被下、市正殿小性奉公仕候処、兵部殿御一儀以後被召出、寛文十二年六月廿八日大松沢彦左衛門を以七兵衛には隠居被仰付、拙者御知行壱貫九百文被下置、于今御番帳にも相付不申候。以上

延宝七年三月十三日

12 金森九八郎

一 拙者親金森弥惣兵衛知行五拾石兵部殿より受納仕奉公相勤申候。拙者儀は弥惣兵衛次男に御座候付、市正殿より扶持方三人分・切米八切之加恩にて小性奉公仕候処、寛文十一年兵部殿・市正殿御預に被為成候付て、同十二年

六月大松沢彦左衛門を以御知行壱貫九百文被下置候。御奉公之儀は追て可被仰付旨被仰渡、延宝元年御郡司衆差引被仰付候。於于今御奉公之儀不被仰付候。以上

延宝七年二月廿三日

13　熊谷甚左衛門

一　拙者儀信州所生之者に御座候。明暦元年に於江戸兵部殿へ被召出、切米弐両・扶持方三人分被下数年奉公相勤罷在候処、兵部殿御末子虎之助殿へ懐守に被相付候以後、寛文十一年兵部殿御遠流被仰付候付て、虎之助殿・伊達弾正殿へ御預にて岩出山へ御越候。依之拙者儀も供仕罷越候。然処延宝二年七月虎之助殿御死去付て、同三年四月廿七日柴田中務宅へ被召出、望月正太夫御申次を以、御知行壱貫九百文被下置之旨被仰渡致拝領、于今御番外にて罷在候。以上

延宝七年三月九日

14　杉村三之丞

一　私先祖伊達御譜代之由承伝候。拙者祖父杉村九郎衛門儀伊達河内殿へ被相付奉公仕候。私父伝右衛門家督相続仕、知行壱貫文・扶持方四人分・切米壱分被下奉公仕候。以後兵部殿へ被相付奉公仕候。知行三拾六石被下候。右伝右衛門嫡子杉村孫右衛門に御座候得共、分進退被下候に付、拙者二男にて家督相続仕候。兵部殿御一儀以後被召出、寛文十弐年六月廿八日大松沢彦左衛門を以御知行壱貫八百文被下置候。于今御番外にて罷在候。以上

延宝七年三月七日

15 本正吉三郎

一、私父本正九郎左衛門儀膽沢之内上麻生と申所に住居仕候。右九郎左衛門儀只野伊賀へ由緒御座候付、兵部殿へ先年被召出奉公相勤申御。九郎左衛門病死仕、跡式拙者に被下、役目勘定奉行仕候。然処兵部殿御預以後寛文十弐年六月廿八日大松沢彦左衛門一関へ被差下、御知行高壱貫八百文被下置被召出御番外にて罷在候。以上

延宝七年三月十三日

16 林半九郎

一 私父林市左衛門儀兵部殿より扶持方三人分・切米弐両被下奉公相勤申候。拙者儀市左衛門次男に御座候付、兵部殿より別して進退三人扶持に切米六切之加恩にて小性奉公相勤申候。然処寛文十一年兵部殿御預被仰付候。依之同十二年六月廿八日於一関大松沢彦左衛門御申次を以、御知行高壱貫七百文被下置旨被仰渡、于今御番外にて罷在候。以上

延宝七年三月九日

17 尾山留之助

一 拙者儀兵部殿より扶持三人分・切米壱両弐歩被下小性奉公仕候。然処寛文十一年兵部殿御預に被為成候付て、同

十二年六月大松沢彦左衛門を以御知行壱貫七百文被下置候。御奉公之儀は追て可被仰付旨被仰渡、延宝元年御郡司衆差引被仰付候。御奉公之儀は于今不被仰付候。以上

延宝七年三月八日

18 山田伝八

一　拙者親山田伝兵衛儀兵部殿御幼少より被召仕、知行七拾五石被下奉公仕候。拙者儀右伝兵衛三男に御座候故、別て扶持方三人分切米六切被下小性奉公相勤申候。然処兵部殿御一儀以後被召出、寛文十弐年六月大松沢彦左衛門を以御知行壱貫七百文被下置候。于今御番帳にも相付不申候。以上

延宝七年三月十三日

19 今野善左衛門

一　私父今野善助儀飯坂譜代百人組之足軽にて伊達河内殿へ奉公仕候。河内殿御死去以後兵部殿へ被相付候処、右之組被相免扶持方三人分・切米弐両被下歩行奉公仕候。拙者別して扶持方三人分・切米壱両弐分被下小性組奉公相勤申候。以後右切米・扶持方之外為合力分銀百五拾目被下右筆役仕候。兵部殿御一儀以後被召出、寛文十弐年六月廿八日大松沢彦左衛門を以善助には隠居被仰付拙者に御知行壱貫七百文被下置候。于今御番牒にも相付不申候。以上

延宝七年三月四日

20 斎藤吉十郎

一 拙者先祖伊達御譜代之由承伝候得共誰様御代先祖誰御奉公被召出候哉不承伝候。祖父斎藤十右衛門儀貞山様御代兵部殿へ被相付候由承及候。十右衛門儀兵部殿より扶持方五人分・切米壱両被下候。私父十次郎儀十右衛門嫡子に御座候処、扶持方四人分・切米三両別て被下奉公仕候。兵部殿御一儀以後被召出、寛文十弐年六月廿八日大松沢彦左衛門を以御知行弐貫五百文被下置旨被仰渡候。然処延宝二年十月右十次郎病死仕候。同三年六月川村孫右衛門を以、拙者儀幼少と申御奉公も御赦免之身分、又者御家中とは品各別に候間、父跡式御減少を以、御知行壱貫七百文被下置旨被仰渡候。于今御番帳にも相付不申候。以上

延宝七年三月四日

21 鈴木八五郎

一 拙者儀西岩井郡所生之者にて御座候。寛文十年兵部殿へ被召出、切米六切・扶持方三人分被下小性奉公仕候。然処寛文十一年兵部殿御遠流以後、同十弐年六月廿八日於一関大松沢彦左衛門御申次を以御知行壱貫七百文被下置之旨被仰渡致拝領、于今御番外にて罷在候。以上

延宝七年三月十一日

22 千条庄助

一　拙者兄千条三之助儀兵部殿より三人扶持方・切米壱両二歩被下奉公仕候処、寛文十一年兵部殿御預に被為成候付て、同十二年六月大松沢彦左衛門を以御知行壱貫七百文被下置候。御奉公之儀は追て可被仰付旨被仰渡、延宝元年に御郡司衆差引に被仰付候。然処右三之助儀延宝二年五月病死仕候付て、上田権左衛門を以家督奉願候。同四年九月廿六日家督無御相違鹿又五郎右衛門を以被下置候。御奉公之儀は於于今不被仰付候。以上

延宝七年三月七日

23　高橋金十郎

一　私親高橋与右衛門儀兵部殿より切米扶持方被下歩行奉公仕候。拙者儀三男に御座候て、市正殿より切米壱両弐歩・扶持方三人分被下、次物書奉公仕候。然処兵部殿・市正殿御預に被為成候付て、寛文十弐年六月廿八日大松沢彦左衛門を以被召出、御知行壱貫七百文被下置御番外にて罷在候。以上

延宝七年三月五日

24　渥美次郎八

一　私父渥美市兵衛儀兵部殿へ奉公仕候。拙者儀市兵衛二男に御座候。兵部殿御末子虎之助殿へ小性奉公仕、切米六切・三人扶持被下致勤仕候。兵部殿御遠流以後伊達弾正殿へ虎之助殿御預にて岩出山へ御越候。依之拙者儀虎之助殿致供岩出山へ罷越候処、延宝二年虎之助殿御死去付て同三年四月廿七日柴田中務宅へ被召出、御知行壱貫七百文被下置之旨望月正太夫御申次を以被仰渡致拝領、于今御番外にて罷在候。以上

延宝七年三月十日

25 手代木伊八

一 私父手代木利兵衛儀四人扶持に切米三両兵部殿より被下奉公相務申候。拙者事利兵衛二男に御座故、虎之助殿より三人扶持に六切之切米加恩にて小性奉公仕候処、寛文十一年兵部殿御預に被為成候付、同年極月虎之助殿岩出山へ御預被成候処、延宝二年虎之助殿死去被申候付て、同三年閏四月柴田中務宅にて望月正太夫を以、御知行壱貫七百文拝領仕候。御奉公之儀は追て可被仰付旨被仰渡御奉公于今不被仰付候。以上

延宝七年二月廿七日

26 羽石久兵衛

一 拙者儀兵部殿にて三人扶持に切米壱両壱歩被下奉公仕候。然処寛文十一年兵部殿御預に被為成候付、岩出山御囲へ兵部殿御息女へ相付奉公仕候処、延宝三年九月被召出、望月正太夫を以御知行壱貫五百文被下置、御郡司衆差引に被仰付候。于今御奉公之儀は不被仰付候。以上

延宝七年三月七日

片倉小十郎内之者

27　柴　勘　助

一貞山様片倉備中重長へ被成御意候は今度其方事大坂御合戦之節無比類武名之手柄仕候。依之御加増をも被下置度被思食候得共、小進之衆も首尾合御用に相立候衆有之候。其方に計御加増被下候儀如何被思食候間、用にも相立可申窂人有之候はば召抱可申候。御知行は従殿様可被下置候。是を御加増と被思食候由、中島監物を以被仰渡候付て柴十右衛門と申者之儀備中申上、従貞山様江戸へ被為召登、御知行三拾貫之所監物殿を以被下置候。御印判并右之通被下置候品、監物殿より大町駿河殿・高城外記殿へ御状被差添被遣候て、右御両人御下書を以地形拝領仕候。義山様御代惣御検地被仰付候時分二割出被指添、都合三拾六貫文之所被下置義山様御黒印頂戴仕候。当屋形様御黒印も頂戴仕候。拙者儀備中家来渋谷右馬丞と申者二男に御座候。右十右衛門男子無御座候付て壻苗跡に備中申付候。柴十右衛門に御知行被下候品は右之通御座候。以上

延宝七年十月七日

28　佐　藤　次　郎　右　衛　門

一貞山様御時代屋代勘解由殿御家来庄子隼人と申者、従相馬忍に御領内へ参候由相達御耳、彼者為討可申由、古備中景綱へ被仰付候付て、拙者親佐藤次郎衛門・弟佐藤大学両人申付、彼隼人於亘理為討上申候之処、御目見被仰付、為御褒美永楽銭五貫文宛并隼人刀脇差兄弟に被下置于今所持仕候。其以後甲高万吉と申人為討可申由故備中景綱

へ被仰付、親次郎右衛門・大学申付、白石新町と申町末にて為討上申候。其上故備中景綱御先手被仰付致供度々之働仕、大坂御陣之時節は備中重長御先手被仰付供仕、兄弟共に首取申候。御帰陣之極月御知行親次郎衛門に、五貫三百拾七文大学に五貫弐百文被下置候。山岡志摩殿・奥山出羽殿御下書を以地形拝領仕候。御役金御赦免被成下候付て大町駿河殿より被下候御状、于今所持仕候。其以後御知行拝領仕、御役金迄差上不申候事は余重く奉存候之間、差上申度由備中重長へ願申候得ば申上御役金差上申候。親次郎衛門事寛永十三年正月七日病死仕候。拙者幼少に御座候故備中重長申付、本沢伝十郎と申者拙者姉に取合番代仕佐藤伝十郎と申候。義山様御時代惣御検地之時分二割出共六貫三百六拾文伝十郎に被下置、御黒印頂戴仕候。其以後小十郎景長自分之知行右伝十郎には為取申、御知行御黒印拙者に為取申候。其以後当屋形様御黒印頂戴仕候。備中代より公義へ不申上、自分に継目申付御知行拝領仕候。親次郎衛門御知行拝領仕候品は右之通に御座候。以上

延宝七年十月七日

29 佐藤大助

一貞山様御時代屋代勘解由殿御家来庄子隼人と申者、従相馬忍に御領内へ参候由相達御耳、彼者為討可申由古備中景綱へ就被仰付候、佐藤次郎衛門・拙者祖父大学両人申付、彼隼人於亘理為討上申候処、御目見被仰付、為御褒美永楽銭五貫文宛并隼人刀腋差兄弟に被下置于今所持仕候。其以後甲高万吉と申人為討可申由古備中景綱へ被仰付、佐藤次郎衛門・祖父大学に申付、白石新町と申町末にて為討上申候。其上故備中景綱御先手被仰付致供度々之働

仕、大坂御陣之節は備中重長御先手被仰付供仕、兄弟共に首取申候。御帰陣之年極月御知行佐藤次郎衛門五貫三百拾七文、祖父大学五貫弐百文被下置、山岡志摩殿・奥山出羽殿御下書を以地形拝領仕候。御役金御赦免被成下候付て、大町駿河殿より被下候御状、于今所持仕候。其以後御知行拝領仕、御役金迄差上不申候事、余重く奉存候間差上申度由、備中重長へ願申候得ば申上御役金差上申候。祖父大学事寛永七年十二月廿三日病死仕候。備中重長継目申付親大右衛門御知行拝領仕候。

義山様御時代惣御検地之時分二割出倍目共に六貫弐百八拾文親大右衛門に被下置

義山様御黒印頂戴仕候。親大右衛門延宝三年十一月廿日病死仕候。小十郎景長継目申付御知行拙者拝領仕候。

当屋形様御黒印頂戴仕候。備中代より公義へ不申上、自分に継目申付御知行拝領仕候。奥山大学殿御座候付小十郎申付、親は大右衛門拙者大助と改名仕候。祖父大学に御知行被下置候品は右之通御座候。以上

延宝七年十月七日

編著者紹介

相原 陽三（あいはら ようぞう）

昭和８年（1933）仙台市生まれ。

『仙台藩家臣録』全５巻を佐々 久先生とともに編集。

元 仙台市立川平小学校校長
仙台市史編さん室嘱託
仙台郷土研究会理事
宮城歴史教育研究会員

仙台藩家臣録 第五巻

１９７８年２月15日 初刷発行
２０１８年12月７日 第二刷発行

定 価――（全六巻揃）本体２５、０００円＋税
編著者――相原陽三
発行者――斎藤 勝己
発行所――株式会社東洋書院
〒１６０-０００３ 東京都新宿区四谷本塩町15-８-８Ｆ
電 話 ０３-３３５３-７５７９
ＦＡＸ ０３-３３５８-７４５８
http://www.toyoshoin.com
印刷所――株式会社平河工業社
製本所――株式会社難波製本

ISBN978-4-88594-524-3